Incontri
a Sichar

2

Titolo originale:
Itinerance en terres d'islam

© 2010 Edizioni Terra Santa s.r.l. - Milano

Traduzione dal francese di Paolo Canali

Per informazioni sulle opere pubblicate
e in programma rivolgersi a:

Edizioni Terra Santa
Via G. Gherardini 5 - 20145 Milano (Italy)
tel.: +39 02 34592679 fax: +39 02 31801980
http://www.edizioniterrasanta.it
e-mail: editrice@edizioniterrasanta.it

GWENOLÉ JEUSSET

Itinerari spirituali in terre d'islam

Prefazione di Mons. Daucourt
Vescovo di Nanterre

Postfazione di Giacomo Bini
già Ministro generale dell'Ordine dei Frati minori

Proprietà letteraria riservata
Edizioni Terra Santa s.r.l. - Milano

Finito di stampare nel gennaio 2010
da Corpo 16 s.n.c. - Bari
per conto di Edizioni Terra Santa s.r.l.
ISBN 978-88-6240-088-6

Al dolce ricordo di mia madre,
donna piccola, ma grande signora,
e a tutti i credenti che, come lei,
ancora mi spronano sulla strada del dialogo,
soprattutto a Yupp, Marcel, Guy e Paul
che incarnano lo spirito di Assisi in terra africana.

Esprimo la mia gratitudine a mons. Daucourt, vescovo di Nanterre, che ha accettato di scrivere la prefazione di questo libro, e a fra Giacomo Bini per la sua postfazione e il sostegno fraterno alla mia itineranza.

Ringrazio ugualmente tutti quelle e quelli che mi hanno incoraggiato in questo lavoro di scrittura, soprattutto quanti hanno rivisto il manoscritto: Antoine Uhalde, Jean-Michel Touche, Fanch Morvannou, Michel Deleu, e Christophe Déage.

Prefazione

Oggi i responsabili religiosi si incontrano, gruppi di credenti di religioni diverse dialogano e in molti luoghi ebrei, cristiani e musulmani coltivano relazioni amichevoli. Si tratta però di minoranze; fermenti di speranza, ma che ancora non influiscono sul comportamento comune degli abitanti dell'Europa occidentale.

Le notizie sul conflitto israelo-palestinese, sul terrorismo internazionale, sui problemi connessi all'emigrazione e sulle religioni in generale non dissipano la confusione e generano paura. Non credo che i *media* siano gli unici responsabili: se spesso l'obiettività dell'informazione lascia a desiderare, la mancanza di formazione e di convinzioni è ancora più grave, soprattutto tra i cristiani. Questi ultimi, destabilizzati dalla situazione attuale e dagli avvenimenti che si susseguono, non posseggono tutti gli strumenti per rendere conto della loro fede e per viverne. Alcuni tra loro si arroccano e si rinchiudono nel timore e nella diffidenza; arrivano talvolta ad accusare i propri fratelli e sorelle che hanno relazioni con altri credenti di accontentarsi di incontrarli, invece che convertirli, di limitarsi all'amicizia, invece che evangelizzare. Gli insegnamenti dei responsabili della Chiesa cattolica e delle altre Chiese, i colloqui, gli studi si moltiplicano; sono necessari, ma di fronte all'urgenza e alla complessità dell'attuale situazione in Europa occidentale, occorre nuovamente constatare che aveva ragione Paolo VI quando diceva, al Pontificio consiglio per i laici: "L'uomo contemporaneo ascolta più volentieri i testimoni, che i maestri, e se ascolta i maestri è perché sono anche testimoni", parole che avrebbe poi ripreso nella sua famosa esortazione apostolica del 1975 sull'evangelizzazione.

Eccoci di fronte a un testimone: fra Gwenolé Jeusset. Con semplicità e serenità tutte francescane ci regala un soffio di aria fresca e di speranza. Chiamato a seguire Cristo alla scuola di Francesco d'Assisi, fra Gwenolé ha incontrato musulmani che l'hanno arricchito e disarmato al tempo stesso, rendendolo così più povero, più cristiano e più francescano. Condivide con noi anzitutto il suo itinerario personale, per poi spalancarci le porte del suo cuore e della sua fede, con un approccio realista, fiducioso, fraterno e spirituale nei confronti dei credenti musulmani.

Una testimonianza fra le altre? Una ulteriore che si aggiunge a quelle – gioiose o drammatiche, discrete o pubbliche – che già ci sono state offerte da cristiani e cristiane che hanno dato e ricevuto in terre d'islam? Non solo! Nel contesto odierno la testimonianza e la riflessione di fra Gwenolé chiariscono alcuni punti essenziali di ciò che viene chiamato in modo troppo generico dialogo interreligioso. Mi accontento semplicemente di elencarli con l'unico scopo di invitare a prendere conoscenza di questo insegnamento così importante per l'avvenire della vita sociale e per il presente della missione della Chiesa.

Il *dialogo interreligioso,* in questo caso con l'islam, si differenzia dal dialogo ecumenico: nel primo caso, le nostre differenze dottrinali non sono complementari, ma più spesso contraddittorie; nel secondo sono complementari e ciò che già unisce i cristiani in un'unica fede è più importante di ciò che ancora li differenzia. Inoltre, ogni volta che è possibile, i battezzati devono mostrare insieme che, in Cristo, Dio vuole riunire tutti gli uomini, non solo i cristiani.

La nostra sola ed unica missione come cristiani è quella di annunciare il Vangelo. Ma cosa significa evangelizzare? È sufficiente parlare di Cristo o distribuire bibbie? Non esiste autentica evangelizzazione senza incontro, né senza dialogo. L'incontro precede il dialogo; il Vangelo può essere accolto e riconosciuto come parola di vita solo quando è vissuto in un'esperienza di fraternità. Ci sono delle scorciatoie che possono essere segno di generosità (poco illuminata) da parte degli evangelizzatori e condurli sino al martirio, ma la loro parola non avrà prodotto alcun frutto presso coloro ai quali l'avevano indirizzata, perché non c'è stato né incontro né dialogo. Il cristiano non può sempre annunciare il Cristo, ma sempre deve mostrare come sia Lui a farlo vivere.

Ciò che viene normalmente definito lo *spirito di Assisi* fa riferimento all'incontro interreligioso per la pace svoltosi ad Assisi nel 1986 su invito di papa Giovanni Paolo II; da allora, molti vi si riferiscono pur senza sapere ciò che in quella occasione è stato detto e fatto, e magari intraprendono cammini che nelle loro intenzioni dovrebbero essere profetici, ma che non fanno che alimentare la confusione. Altri invece preferiscono ignorare l'incontro di Assisi e arrivano ad accusare il Papa di tradimento o di eresia. L'espressione: "Ad Assisi eravamo insieme per pregare, non abbiamo pregato insieme" non è un gioco di parole. Lungo tutto il suo libro fra Gwenolé ci chiarisce il significato e l'insegnamento dell'avvenimento del 1986.

Gli effetti degli *attentati dell'11 settembre 2001* e quelli del dramma del conflitto israelo-palestinese mettono in pericolo il necessario incontro tra i credenti nelle relazioni quotidiane. I cristiani non possono lasciarsi guidare dalla paura, né rinchiudersi in se stessi o nella loro Chiesa: devono certamente assumersi il rischio di prendere il largo per incontrare tutti, come discepoli di Colui che è venuto per tutti. Nella linea tracciata dal Concilio Vaticano secondo, seguendo le grandi strade dell'incontro aperte con le parole e con i gesti dal papa Giovanni Paolo II, superando il proselitismo di bassa lega, rendendo ragione della propria fede e mostrando in quale modo essa li faccia vivere, i cristiani possono e devono percorrere le grandi strade dell'incontro e creare incroci di fraternità. Lo ripeto: esiste un'urgenza in quest'ambito, urgenza di uscire dalla confusione, urgenza di scacciare le paure che possono dare origine alla violenza, al rifiuto o all'indifferenza.

Qualche volta mi chiedono: "Lei non ha paura dell'islam?". Rispondo: "Sono più preoccupato vedendo molti cristiani che non coltivano una relazione personale con il Cristo risorto; in questo modo diventano incapaci di annunciare il suo Vangelo e di viverlo; rifiutano, per paura o per egoismo, di correre il rischio della fraternità universale".

Ne sono sicuro: *Itinerari spirituali in terre d'islam* risveglierà chi è assopito e sarà di stimolo per coloro che, attraverso la preghiera, gli studi, i contatti, si impegnano sulla strada dell'amicizia e della stima reciproca con i musulmani.

+ Gérard Daucourt
Vescovo di Nanterre

Per gli *Scritti* di san Francesco, le biografie e le altre testimonianze contemporanee ci siamo serviti delle *Fonti francescane. Scritti e biografie di san Francesco d'Assisi. Cronache e altre testimonianze del primo secolo francescano. Scritti e biografie di santa Chiara d'Assisi. Testi normativi dell'Ordine francescano secolare. Nuova edizione*, Editrici Francescane, Padova 2004, a cui rimandiamo tramite la sigla FF, seguita dal numero progressivo.

Riportiamo di seguito le abbreviazioni utilizzate per i testi citati:

Rnb:	San Francesco: Regola non bollata
Rb:	San Francesco: Regola bollata
2Test:	San Francesco: Testamento (1226)
1Cel:	Tommaso da Celano: Vita prima di san Francesco
2Cel:	Tommaso da Celano: Vita seconda di san Francesco
LM:	Bonaventura: *Legenda Maior*
Fior:	Fioretti

I brani del Corano vengono citati da *Il Corano. Introduzione, traduzione e commento di Federico Peirone*, Mondadori, Milano 1979. Il numero romano indica la *sura* (capitolo), il numero arabo il versetto.

Introduzione

Ebbene sì: ci credo ancora!

11 settembre 2001: da quel giorno siamo forse entrati in una nuova era? Probabilmente è più appropriato dire che è iniziata una nuova tappa nei rapporti tra l'islam e l'occidente. Cosa faremo? Alcuni uomini dividono il mondo in due, gli uni parlando di miscredenti ebrei e cristiani, gli altri identificando l'asse del male. Non ancora sbocciato, il dialogo tra religioni e culture potrebbe già essere rinviato a un lontano domani migliore; accumulando rovine e odio potremmo finire col perdere un secolo o due …

Nei giorni che seguirono l'11 settembre, Giovanni Paolo II non rinunciò al previsto viaggio in un paese quasi totalmente musulmano; anzi, mise le cose in chiaro per evitare ogni facile confusione: «Desidero riaffermare il rispetto della Chiesa cattolica per l'islam, l'autentico islam: l'islam che prega, che sa farsi solidale con chi è nel bisogno. Memori degli errori del passato anche recente, tutti i credenti devono unire i loro sforzi, affinché mai Dio sia fatto ostaggio delle ambizioni degli uomini. L'odio, il fanatismo ed il terrorismo profanano il nome di Dio e sfigurano l'autentica immagine dell'uomo»[1].

A Sarajevo, all'indomani degli attentati, si svolgeva un importante colloquio tra cristiani e musulmani programmato da oltre un anno da parte del *Comitato islam in Europa*[2]: un coro formato da rappresentanti delle diverse componenti etniche della Bosnia-Erzegovina offrì un concerto di inni per la pace. I serbi e i croati intonarono composizioni islamiche tradizionali, i musulmani e i croati cantarono brani del repertorio ortodosso ed ebraico. Questa corale continua a esibirsi nelle chiese e nelle moschee d'Europa, persino presso la sede dell'Unesco. L'anima di questo coro è un francescano il cui padre e sette cugini sono stati ammazzati durante la

---

[1] Visita pastorale in Kazakhstan, discorso di Giovanni Paolo II ai rappresentanti del mondo della cultura.

[2] Gruppo ecumenico di dodici persone scelte dalle differenti Chiese europee.

guerra da musulmani. Quando mi scoraggio sentendo le critiche, penso a quel frate e ad altri uomini e donne che hanno sofferto sulla propria pelle eppure reagiscono come lui; e riprendo il cammino dicendomi: «Ascolta quelli; continua ad andare avanti, segui loro, perché quello è il Vangelo».

Questo libro è una bottiglia lanciata in mare nel mezzo della tempesta.

PRIMA PARTE

Un francescano in terre d'islam

Verso la riva dell'altro

Nell'aprile del 1959, sei mesi dopo il mio arrivo in Sudan come militare di truppa, mi trovavo insieme a qualche commilitone sulla spianata della moschea principale di Bamako; il giorno prima era terminato il digiuno del *ramadan*, e quel mattino circa trentamila persone celebravano il rito, insieme sobrio e solenne, della Grande Preghiera. Riparati sotto la tettoia di una stazione di servizio cercavamo di non far rumore; per le strade tutto si era fermato: la città intera si era trasformata in preghiera. L'immenso spazio, a intervalli regolari, si riempiva del grido di quella folla che, senza alzare il tono, proclamava: "Allah Akbar!". Alcune donne, sparse attorno alle pompe di benzina che limitavano il luogo santo, sembravano elemosinare un po' di posto. L'Africa, normalmente brulicante di voci, s'era improvvisamente rivestita di silenzio. Quando la folla si piegava, si alzava o si inchinava, si poteva indovinare il movimento dei caffettani dai colori sgargianti prima del grido che sgorgava dal cuore: "Dio è grande". In un solo colpo ricevevo tre impressioni scioccanti: là, davanti ai miei occhi, era radunata un'assemblea di credenti diversa dalla mia; questa festa toccava l'intera vita sociale e spirituale della città, e io mi sentivo quasi scacciato all'esterno, nelle tenebre del turista pagano; avrei voluto lasciarmi coinvolgere in questa adorazione del Dio unico, ma, come la mia macchina fotografica e il mio abito da *bianco*, anche la mia fede mi separava da quella comunità.

Mi sentivo allo stesso tempo meravigliato e messo in questione.

Terminati gli obblighi militari nel 1960, rientrai in Francia. Avevo un gran desiderio di tornare, ma mi rendevo ben conto delle difficoltà di inserimento nella cultura africana. Mi sembrava necessario un accostamento *simpatico* all'islam, ma era meglio lasciar fare ai sacerdoti che là operavano. La conclusione era chiara: l'Africa, sì. L'islam, con tutto il rispetto, no!

Riunire i figli di Dio dispersi

Raggiunta da poco l'indipendenza politica, il continente africano cercava il suo posto nel mondo. Parallelamente, il concilio Vaticano II indicava orizzonti meravigliosi ad una Chiesa rinchiusa sulla difensiva da due o tre secoli. Quale poteva essere il mio ruolo? Che servizio potevo offrire a quell'Africa e a questa Chiesa, ambedue in attesa di incontrarsi?

L'ecumenismo mi stava a cuore. Mio padre, cattolico di nascita, durante la mia adolescenza si era fatto protestante. La ricerca dell'unità dei cristiani mi prese come una passione che mi stringeva nei due sensi del termine: entusiasmo e sofferenza.

A posteriori mi sarei reso conto che il Signore in questo modo chiedeva anche a me di *prendere il largo*, come agli apostoli: senza fermarmi ai cristiani, dovevo lavorare per riunire nella pace i figli di Dio dispersi nelle religioni del mondo.

Il 30 settembre del 1968, mentre nel porto di Abidjan si svolgevano le manovre di attracco, guardavo con gioia dall'alto del ponte Christophe e Jean-Paul, i miei due fratelli francescani partiti per la Costa d'Avorio qualche anno prima; avrei vissuto insieme a loro un autentico apprendistato della mia vita missionaria in una parrocchia di Treichville, un quartiere popolare della capitale.

Le strade e i viali erano pieni di una vita straripante; i marinai di tutto il mondo, seguendo le coste dell'Africa, facevano scalo nel porto lì vicino, lungo la laguna. Dal Sahel o dal Ghana venivano stranieri in cerca di fortuna, o semplicemente per sopravvivere. Le liti degli adulti o le urla dei bambini, i lutti o le feste, tutto era largamente condiviso con tutti i vicini, come anche il rumore dei clacson o la musica dei bar.

Dopo un periodo di adattamento, un fatto apparentemente insignificante cambiò il corso della mia vita: Christophe, il nostro responsabile, chiamato all'arcivescovado, quando tornò mi disse: "Il tale era stato designato per dare inizio alla commissione per le relazioni con l'islam. Hanno chiesto qualcuno di noi per sostituirlo: ho fatto il tuo nome. Tu conosci l'ecumenismo: si tratta di qualcosa che gli somiglia!".

Così, per caso, ha avuto inizio la mia traversata verso l'altra riva. Non ho incontrato io l'islam, è l'islam che mi è venuto incontro.

Un ambiente particolare

I nostri rapporti con gli altri credenti si limitavano a scacciare i mercanti ambulanti che senza pudore invadevano il minuscolo cortile tra la chiesa e la nostra abitazione: questi musulmani avrebbero dovuto capire la necessità di rispettare il terreno delle altre religioni. Probabilmente, nel nostro atteggiamento essi coglievano un equivalente della guerra dichiarata loro dagli agenti del comune incaricati di raccogliere le imposte da ogni venditore ambulante. Ci dispiaceva di essere ridotti a questo punto; nelle nostre discussioni emergeva il desiderio di superare una pastorale tradizionale.

I numerosi bar e anche il nostro luogo di culto erano circondati da alberghi a ore. Molte prostitute frequentavano la messa domenicale, e quando qualcuna di loro stava per morire le altre, interrompendo ogni attività, si radunavano per pregare attorno al corpo. Erano venute in gran numero dal vicino Ghana anglofono: le *toutou*[3] erano cristiane. Insieme a queste "parrocchiane" Jean-Paul diede vita ad un gruppo di riflessione e di preghiera che chiamò ACT (Azione Cattolica delle *Toutou*); ben presto, si trovò a pensare ad un lavoro che avrebbe superato i confini di Treichville e che avrebbe avuto a tema la vita familiare, la preparazione al matrimonio e lo sviluppo della ACT. Quanto a me, sognavo di potermi occupare a tempo pieno delle relazioni con l'islam. Christophe, che non aveva potuto diventare prete operaio, era cosciente del fatto che, sulla scia del Concilio, la strada era di nuovo aperta. Tornato in Francia, entrò in fabbrica, mentre noi ci spostavamo nel quartiere, altrettanto miserabile, di Port-Bouet; su richiesta pressante della gerarchia, infatti, avevamo rinunciato ai nostri progetti.

Se il grano di frumento non muore...

Iniziavamo ad apprezzare la tranquillità della nostra nuova casa, vicino al faro, un po' spostata rispetto alla *bidonville*. Da buoni bretoni, a volte stavamo a sognare di fronte al mare, separato da noi solo dalla strada. "Guarda", mi diceva il mio confratello, "dritto davanti a noi c'è l'isola di Sainte-Hélène... a 1.800 chilometri!".

Già innamorati di questo posto, dove si arrabattavano per sopravvivere tanti poveri stranieri mischiati ai miserabili della Costa d'Avorio, avevamo accolto la missione che ci era stata affidata; lo spostamento nella periferia della capitale, per me, non comportava nessun cambiamento al mandato ricevuto: così cercavo di tenere insieme la cura per i cristiani e il desiderio di raggiungere altri credenti. Mi piaceva più il territorio che la scrivania, così trascorrevo molto tempo nei cortili a frequentare musulmani e cristiani. L'accoglienza era eccellente, era difficile capire chi, tra me e loro, provasse la felicità più grande.

---

[3] Erano chiamate così, si diceva, per la tariffa di due scellini che domandavano per i loro "favori", e che esprimevano con brevità: "two, two".

Il 22 ottobre, verso le 18.30, presi l'automobile per andare verso il centro di Abidjan: la sera si annunciava impegnativa, con due riunioni, mentre Jean-Paul mi provocava: "L'unico impegno che avevo è stato spostato: questa sera posso starmene tranquillo. Buon lavoro". Il primo incontro era veramente una novità assoluta: si incontravano alcuni amici per decidere la creazione di un gruppo misto insieme ai musulmani che, come noi, avrebbero accettato di riflettere su una relazione più positiva tra le nostre comunità. Il mio confratello, che non poteva condividere il mio timore da principiante, condivideva però la gioia nel vedere che il mio ministero si delineava con maggior chiarezza. Avrei potuto dimenticarmi la data di quella serata trascorsa presso le compagne di Madeleine Delbrel[4]; ma troppe volte, nei momenti cruciali, ho gridato a Jean-Paul, che era partito per la casa del Padre nella stessa ora dei nostri difficili inizi.

Arrivato all'arcivescovado per la seconda riunione, padre Claude Frikart[5] mi propose di lasciare la mia auto e di tornare insieme a lui a Port-Bouet; i volti intorno a me portavano i segni di un dramma; un francescano venuto a cercarmi, mi disse in lacrime: "Jean-Paul è stato ucciso". Quando due uomini con il viso coperto avevano fatto irruzione nel nostro refettorio, Jean-Paul aveva preso una sedia gridando ai frati presenti: "Attenti, uno ha un coltello!". Quel coltello nella mano del complice, rivolto verso Jean-Paul, servì ad indicarlo al killer professionista che gli sparò un colpo di pistola con la sinistra. Gli assassini fuggirono subito, senza dire una parola. Non si seppe mai se fossero bianchi o di colore. L'assassinio probabilmente era stato organizzato da qualcuno che vedeva in quel *maledetto prete* un pericolo per il tranquillo affare della prostituzione. La nostra casa vicino al faro era un bersaglio enormemente più facile rispetto alla missione in mezzo alla gente di Treichville, lasciata solo sei settimane prima.

Due giorni dopo si sarebbero aperte le celebrazioni per il settantacinquesimo anniversario della giovane Chiesa ivoriana: il funerale di Jean-Paul ne fu il prologo imprevisto. Tremila persone seguirono il corteo sino al cimitero; tra la folla le *toutou* senza nascondersi piangevano il loro padre di trentanove anni.

---

[4] Madeleine Delbrel aveva inviato qualcuna delle sue compagne in quell'Africa che stava emergendo nel resto delle nazioni. Le tre donne che costituivano il gruppo vivevano a Treichville in mezzo alla gente comune, come Madeleine faceva a Ivry, ed erano sensibili alla nostra ricerca; una di loro diventò una colonna del nostro gruppo.

[5] Eudista, allora superiore del Seminario maggiore della Costa d'Avorio e futuro vescovo ausiliare di Parigi.

Dove è odio, ch'io porti l'amore

La Messa dell'ottava si svolse nel cortile sabbioso della scuola, dove gli assassini, una settimana prima a quella stessa ora, erano certamente passati per entrare nella casa. Un grande striscione sopra l'altare indicava il senso della nostra preghiera: "Dove è odio, ch'io porti l'amore". Alcuni cristiani stranieri non si trattennero dal dire: "È facile per voi perdonare: si vede che non siete della sua famiglia". Se quei discepoli di Gesù capivano così poco il significato del perdono, significava che dovevo prepararmi ad affrontare atteggiamenti simili tra quei credenti meno legati di noi al Vangelo. L'Arcivescovo si aspettava che, per comprensibili ragioni psicologiche, avremmo lasciato quel luogo, ma la gente del quartiere era veramente a terra, qualcuno aveva cominciato a dir loro: "Voi ammazzate i preti che vi vengono mandati". Come era possibile abbandonare coloro che venivano colpevolizzati? Enormemente cresciuto per la nostra decisione di rimanere, l'affetto naturale degli alladiani e della cinquantina di altre etnie presenti in quella *bidonville*, fece di Port-Bouet un luogo privilegiato del mio sacerdozio. Jean-Paul vi era morto, io vi avrei messo le mie radici. Tre anni dopo, però, chiesi nuovamente di essere destinato alle "relazioni con i musulmani": oltre al desiderio di camminare sulle frontiere, mi muoveva la sensazione ancora confusa che dopo aver condiviso troppi anni con questi poveri sarei stato meno disponibile per andarmene altrove.

Erano ormai dimenticate le mie perplessità di un tempo sull'impegno con l'islam; ma mi capitava di non comprendere bene la reticenza che mi circondava. Con mia grande sorpresa, durante una riunione, mi fu detto: "Già, ma tu hai il carisma!". Questo grido del cuore mi lasciò sbalordito; e tuttavia si aggiungeva ad alcune osservazioni che mi erano state rivolte in qualcuna delle riunioni più difficili: "Hai trovato le parole giuste per smorzare la tensione …". Si trattava di rendersi conto di un dono e, insieme, di una chiamata: quell'espressione autorizzava a rivolgere uno sguardo positivo al mio cammino. Ma era anche, purtroppo, l'inconsapevole affermazione che i responsabili della Chiesa africana potevano continuare ad occuparsi solo di quanti appartenevano all'istituzione o che vi sarebbero entrati tramite il battesimo, lasciando il resto a qualche "esperto".

La Conferenza episcopale, però, confermava le prospettive conciliari: "Una pastorale realista non può ignorare o eludere il fatto che circa il 25% degli abitanti della Costa d'Avorio è costituito da musulmani. A tutti i livelli occorre compiere uno sforzo di informazione obiettiva e di riflessione".

Il gruppo dei miei amici

A livello diocesano, qualche cristiano decise di cominciare ad incontrarsi dicendo: "Siamo gli apripista; vogliamo far progredire il dialogo con questi altri uomini che credono in un Dio unico. Il nostro darci da fare, i nostri sforzi, hanno in fondo come scopo quello di formarci ad intessere legami nella vita quotidiana, per fare dei musulmani, come dei cristiani, dei pagani, degli atei, il nostro *prossimo*, nel senso indicato dalla parabola. Per questo è necessario essere animati da un nuovo atteggiamento interiore di apertura e umiltà".

Il gruppo, molto europeo all'inizio, finì con l'assumere tutti i colori possibili. Alcuni studenti provenienti da paesi a maggioranza musulmana si unirono a noi per la durata della loro presenza presso l'Istituto superiore di cultura religiosa di Abidjan. Alain, proveniente dal Senegal, Gérard, del Niger, Joseph, del Mali, ci arricchirono con un'atmosfera di dialogo proveniente dal loro paese. In breve formammo un comitato composto da musulmani e cristiani; il mio incarico era quello di percorrere in lungo e in largo il paese per visitare e informare le comunità cristiane e musulmane.

Il mio itinerario africano si sarebbe sviluppato per diciannove anni, anche se gli ultimi quattro già impegnati nel passo successivo che mi avrebbe aperto una strada sul mondo intero. Il cammino non sarebbe stato quello che è stato senza due incontri in apparenza molto diversi, e il cui impatto sull'insieme del mio percorso riesco a misurare solo oggi. L'uno è l'avventura di Francesco d'Assisi in Egitto; l'altro la conseguenza di un colpo di fulmine avvenuto nel cortile di un anziano musulmano.

Francesco d'Assisi al di là delle mura

Durante la mia formazione religiosa non si era parlato troppo di questo episodio. La visita al sultano era leggenda o realtà? Padre Cuoq, primo responsabile della sezione creata in Vaticano per le relazioni con i musulmani a livello mondiale, incontrato per caso ad Abidjan, mi aveva risposto: "Credo che sia vera!". Non potevo pretendere da un Padre Bianco una risposta argomentata, che avrei dovuto trovare nel mio Ordine; rimasi comunque soddisfatto che la porta della storia non fosse chiusa. Ci saranno pure dei francescani che hanno studiato la questione, mi dissi, e iniziai a cercarli.

Scoprii e divorai un libro dal titolo evocativo: *Mohammed e san France-*

sco, composto da uno di questi[6]; anche se poco a poco mi sarei allontanato da diverse ipotesi dell'autore, il suo lavoro mi spinse a studiare da vicino i riferimenti alle fonti del viaggio di Francesco in Oriente.

Francesco viveva in un'epoca in cui i musulmani si trovavano al di là di una spada, la loro o la nostra; quella situazione, assolutamente normale per i suoi contemporanei, non poteva lasciarlo indifferente: per questo decise di partire. Dopo due tentativi falliti, nel 1219 riuscì a raggiungere Damietta, sul delta del Nilo, e approfittando di una tregua nei combattimenti, insieme a un compagno si recò nel campo musulmano. Certamente arrestati come spie, i due frati furono all'inizio malmenati, ma, per la loro insistenza, furono condotti davanti al sultano. Al-Malik al-Kamil, nipote del Saladino, riconobbe presto in Francesco, quello strano crociato, un uomo di Dio; lo ascoltò e desiderava che rimanesse con lui tra i *sufi*[7] della sua corte. Francesco, a sua volta, scopre la presenza di Dio tra quegli uomini: sente il *muezzin* invitare alla preghiera cinque volte al giorno, vede i re d'Egitto e di Siria, con il loro seguito, prostrarsi e acclamare: "Allah Akbar! Dio è grande!". Alla luce dello Spirito, il Poverello[8] loda Dio-Amore, che certamente non rimane sordo alle voci di questi oranti. Alla fine della tregua, decide di tornare tra i cristiani; il sultano desidera offrirgli alcuni doni, si raccomanda alle sue preghiere e lo fa ricondurre con un seguito degno di un principe sino alla frontiera tra i due eserciti.

Questo avvenimento appare oggi come una stella luminosa nella notte. Il tempo della *cristianità* non l'ha colto in questo modo: c'erano tante cose degne di ammirazione nella vita del grande san Francesco, ma non la sua visita al capo degli odiati musulmani, visto che non aveva ottenuto né il martirio né la conversione del sultano. Quando se ne parlò, si decise di travisare la storia[9].

Proprio questo antico incontro, insieme all'incontro contemporaneo che sto per ricordare, è la sorgente sempre viva della mia itineranza tra i musulmani.

---

[6] GIULIO BASETTI SANI, *Muhammad et saint François*, Ottawa 1954, ripreso in italiano in IDEM, *Per un dialogo cristiano-musulmano. Mohammed, Damietta e La Verna*, Milano 1969.

[7] Uomini o donne ritenuti dei mistici, spesso riuniti in confraternite.

[8] *Poverello* è un modo tradizionale di definire san Francesco.

[9] Mi permetto di rimandare, per il fatto e la lettura delle sue fonti, a G. JEUSSET, *Dio è cortesia. Francesco d'Assisi, il suo Ordine e l'Islam*, Padova 1988 e IDEM, *Francesco e il sultano*, Milano 2008.

L'incontro inatteso

Per entrare da lui, a Treichville, di fronte al mercato chiamato *Chicago*, bisognava passare da un piccolo corridoio che si affacciava su un cortile pieno di gente. C'era una specie di rottura tra la città e questo pseudo nartece che ti faceva quasi uscire da un mondo per entrare dentro un altro; era sorprendente, ma ci si abituava in fretta.

Non mi ricordo chi mi ci ha portato per la prima volta, nel 1971, ma mi ricordo bene quel che pensavo mentre ne uscivo: "Il Vecchio[10] è di sicuro una persona perbene, ma è certo che non verrò mai più a trovarlo da solo: non capisco niente di quel che dice!". Non aveva frequentato la scuola francese, era sordo, parlava veloce e non troppo distintamente.

Una specie di colpo di fulmine

Qualche settimana dopo, dovevo fargli avere un messaggio indirizzato dal Vaticano a tutti i musulmani per la fine del *ramadan*; era una cosa urgente, così mi rassegnai ad andarci da solo. Mi fece sedere, rimanemmo a parlare, e fu un colpo di fulmine! Da quel giorno diventai l'interprete dei visitatori il cui linguaggio aveva bisogno di essere semplificato e, soprattutto, urlato, ma anche l'interprete del visitato, facendo cogliere allo straniero di passaggio, con qualche sottolineatura, la bellezza di un vocabolario fiorito. El Hajj Gamby Boubacar Sakho era diventato il mio *baba*[11].

Nel 1974 il Vecchio decise di partire per la Mecca: aveva già adempiuto all'obbligo dell'Hajj[12], ma era avvenuto tanto tempo addietro, e ora sentiva il desiderio di rivedere la sua terra santa. Qualche ora prima della

---

[10] Il termine, in Africa, non ha significato dispregiativo, anzi: è segno del più profondo rispetto; esprime, insieme all'affetto, il riconoscimento di una sapienza che si vorrebbe acquisire.

[11] Questo vocabolo, come Abba nel nuovo testamento, è vicino al nostro *papà*. Nel seguito del libro userò *baba* o l'equivalente *il Vecchio*.

[12] Ogni musulmano uomo o donna, la cui famiglia non si trovi in condizione di estrema indigenza e che onestamente abbia i mezzi necessari, è tenuto a mettere in pratica il quinto dei precetti islamici, partecipando almeno una volta nella vita ad un pellegrinaggio ufficiale alla Mecca; ne ritornerà con l'appellativo di Hajj.

partenza gli portai un biglietto "da leggere sull'aereo". Usciti di casa svelai
la mia intenzione a Marie-Philippe e Susanne, venute con me per fare gli
auguri di un buon pellegrinaggio: "Nella lettera dico a *baba* che, mentre lui
sarà in meditazione ai piedi del monte Arafat[13], io pregherò in comunione
con lui". Mi rimproverarono per il mio egoismo: "Come: vorresti pregare
da solo?". L'idea era ormai lanciata: una trentina di cristiani si ritrovarono
in un'aula di collegio; la celebrazione eucaristica durò per due ore, dopo
questa introduzione: "Il Signore chiama tutti gli uomini; non chiede loro
da dove vengono. Non siamo soli sulla strada che porta al Signore: altri
hanno scelto di seguirlo. La loro amicizia ci accompagna e la loro gioia ci
sprona: uniamoci al loro cammino".

Quando *baba* fu di ritorno mi confidò: "In quel luogo, ho promesso
ad Allah di consacrare la fine della mia vita alla riconciliazione tra cristiani
e musulmani". Allora prese davvero inizio un lavoro a due per il riavvicina-
mento delle nostre comunità; forse anche attraverso le nostre parole, ma
certamente soprattutto attraverso il nostro stare insieme.

Qualche mese dopo, nel giugno 1975, mons. Yago mi propose di accompagnare dei pellegrini a Roma e a Gerusalemme; la sera della partenza, *baba*
Sakho volle venire sino all'aeroporto per questo evento spirituale che lo colpiva molto. L'aereo aveva un forte ritardo, ma il Vecchio rimase là, cercando di
incontrare insieme a me tutti i partenti per augurare un santo viaggio. Volle essere l'ultimo a stringermi la mano, ma non aveva fatto i conti con l'arcivescovo che salutava personalmente tutti i pellegrini; avrei voluto dare una mano a
ciascuno contemporaneamente: me ne partii con la benedizione dei due.

"Mio figlio Yaya"

Qualche giorno dopo il rientro arrivò in Costa d'Avorio mia madre:
per lei si trattava del viaggio della vita. Lei e *baba* si scambiarono molte
visite; sentendomi chiamare col mio nome di battesimo, Jean, il mio *papà*
musulmano decise di tradurlo in termini coranici: fu così che, senza troppe cerimonie, diventai *Yaya*[14]. Quando mi sentivo chiamare così alle spalle,
sapevo di potermi voltare per salutare un fratello o una sorella non proprio
cattolici…

---

[13] Si tratta del momento più importante del pellegrinaggio: di fronte ad Allah si raccolgono
milioni di musulmani. Si può immaginare quanto questa esperienza sia toccante.

[14] In Costa d'Avorio non viene pronunciata la *H* aspirata dell'arabo: Yahya viene pronunciato
Yaya.

In molte famiglie El Hajj si divertiva a presentare il francescano con la tonaca: "Ecco mio figlio *Yaya*, il prete", oppure: "l'*imam* di …" Koumassi o Anyama, secondo il suo estro del momento e i miei luoghi di residenza.

I suoi vicini della famosa strada 21 – il "nome" della sua via – si abituarono presto a vederci insieme; certo, erano molti i "bianchi" che frequentavano il vecchio Sakho, sia per trovare informazioni utili per tesi universitarie, sia per ricerche nel paese; in più, trovavano in lui una sapienza che li colpiva. La specificità della nostra relazione stava soprattutto nella comunione di fede nel Dio della pace, che si approfondiva sempre più col trascorrere degli anni.

I legami familiari in Africa sono più flessibili che in Occidente. Un giorno arrivo proprio nel momento in cui *baba* sta uscendo dal suo cortile con un giovane adulto che mi presenta: "*Yaya*, questo è il dottor X, un cristiano; sabato prossimo sposerà mia nipote: certamente tu verrai al matrimonio della tua nipotina!". Un'occhiata alla mia agenda: d'accordo, nel pomeriggio sono libero. "Allora passa a prendermi", aggiunge *baba*. All'ora convenuta partiamo insieme per raggiungere il luogo della celebrazione: le famiglie si sistemano nel cortile, ciascuna dal suo lato. D'un tratto mi rendo conto del problema: io, *Yaya* di famiglia musulmana, e Gwenolé con la mia tonaca francescana, dove devo prendere posto? Non posso chiedere al mio *papà* adottivo: è sordo, sentirebbero tutti. Per mia fortuna, è presente l'*imam* Tijane: gli sottopongo l'angosciante questione; con grande naturalezza mi risponde sottovoce: "Tu fai parte della famiglia, quindi stai con noi". Non conoscevo i cristiani presenti, ma loro sapevano delle mie frequentazioni islamiche e non le consideravano sospette: era la cosa più normale al mondo che io stessi con *baba*. Quel giorno mi resi conto della grande possibilità della Chiesa locale a proposito di relazioni islamocristiane: potevo immaginare che questa bella tolleranza, in quel paese, non sarebbe cambiata neanche nel futuro.

"Sino al midollo delle ossa"

Mi ricordo ancora con nostalgia di un viaggio al centro del paese, certamente nel 1976. Dovevamo raggiungere il monastero benedettino di Bouaké, dove El Hajj Sakho era stato invitato; eravamo d'accordo che sarei passato a prenderlo all'alba: era ancora sdraiato, si affrettò a fare la sua preghiera e a bere qualcosa di caldo. La macchina si mise in moto e *baba* cominciò a sgranare il suo rosario[15]; in quel momento ebbi quasi il timore che, per quell'amico di Allah, tutta la strada sarebbe stata una serie di preghiere; poco dopo, fortunatamente per il suo autista pagano, il mio *papà* si mise a parlare. Io gli facevo domande sull'islam in Costa d'Avorio o sulla sua vita, e lui mi chiedeva della mia vita religiosa. Di colpo, sempre con il suo rosario in mano, mi fece segno di prendere una pista all'ingresso di un agglomerato; accorreva gente a salutarlo, stupita di vedere fianco a fianco il caffettano musulmano e la tonaca francescana; il Vecchio diceva solo: "È mio figlio *Yaya*". Quante fermate lungo quella strada! E ogni volta la stessa scena: iniziava a raccontare del gruppo islamocristiano che avevamo iniziato ad Abidjan, o dei monaci che ci aspettavano; sempre attento, ma con discrezione, guardavo altrove per permettere all'interlocutore di darmi un'occhiata. Il ghiaccio si scioglieva al calore delle parole, e la gioia prendeva il posto della curiosità; sentivo dire, rivolto a me: "Che bello!", e potevo anch'io dire la mia. Dopodiché si ripartiva verso un altro incontro.

Prima di raggiungere il monastero maschile, facemmo una rapida sosta a quello delle monache. Il mio amico musulmano guarda l'orario della preghiera liturgica riportato sulla porta della cappella ed esclama: "Oh … Pregano come noi", precisando: "cinque volte al giorno!". L'incontro nella preghiera lo guidava rapidamente al ringraziamento.

I benedettini, africani ed europei, ci accolsero davvero come fratelli. El Hajj Sakho rimaneva ad assistere alla liturgia delle ore e, al momento della sua preghiera rituale, si ritirava con discrezione, con il tappetino per la preghiera arrotolato in mano, mentre noi restavamo in silenzio. Una foto riporta la testimonianza della sua pausa di preghiera sotto il sole di mezzogiorno vicino al piccolo campanile.

Avendo sentito che un direttore della *madrasa*[16] amico di fra Alain, uno dei monaci, era ricoverato in ospedale, andammo a fargli visita. L'anziano dalla lunga barba aveva i tratti pacifici e sereni tipici dell'islam africano; la camera mi sembrava minuscola, perché i *talibé*[17] circondavano il maestro con un affetto talmente caloroso che era difficile far entrare ancora qualcuno. Una volta riusciti nell'impresa di entrare, seduti per terra gli uni contro gli altri, trattenevamo il fiato. Il mio vecchio stava spiegando la nostra relazione di amicizia; in accordo con il loro *baba*, il mio desiderava che

---

[15] Le persone religiose ripetono i nomi di Dio della tradizione musulmana scorrendo i 33 o 99 grani di questo rosario.

[16] Scuola coranica di secondo livello.

[17] Studenti e discepoli.

questo segno emblematico, l'amicizia tra credenti, si incidesse con forza nello spirito dei giovani.

Al ritorno, come nell'andata, il caffettano e la tonaca creavano sorpresa. Incontrammo un sacerdote in borghese; lo conoscevo un poco, così stavo per presentarlo quando mi accorsi che continuava la sua strada come se non ci avesse visti. Era anche lui disorientato come l'*imam* presso il quale *baba* aveva voluto stabilirsi e che sembrava un poco imbarazzato; sia l'uno che l'altro, probabilmente, non erano contrari al nostro modo di pensare. Qualche settimana dopo, tornando alla missione di quella città insieme a un pastore protestante mio amico, temevo che il missionario avrebbe avuto una reazione di difesa; invece si lanciò in un inno a favore dell'apertura agli altri e con grande calore elogiò il nostro lavoro. Diventai anch'io un po' più caritatevole, disposto ad accettare come ignoranza delle buone maniere ciò che mi era sembrato una specie di sdegno vagamente settario.

L'amicizia tra *baba* e me non ci fu mai rimproverata, anche se a qualcuno pareva abbastanza strana. Qualche musulmano si stupiva vedendo andare tanto per le lunghe la mia conversione all'islam; El Hajj Sakho sentì qualcosa di questo genere e rispose: "*Yaya* è cristiano sino al midollo delle ossa, e io sono musulmano sino al midollo delle ossa". Sfoggiava un gran sorriso mentre me lo raccontava. Aveva avuto il coraggio di aggiungere: "Dio ci ha messo insieme sulla sua strada e, senza mischiare le due religioni, insieme camminiamo verso di Lui"? Sarei tentato di pensarlo, perché era la mia convinzione e spesso, ben al di là delle parole, eravamo sulla stessa lunghezza d'onda spirituale.

"Mio figlio è ammalato"

Nel settembre del 1976 mi recai in Mali a studiare il *bambara*, la lingua di numerosi musulmani dell'Africa orientale; c'erano voluti sette anni di pazienza per ottenere il permesso! Una volta arrivato, una settimana prima dell'inizio del corso, andai a Mopti, con l'intenzione di visitare un gruppo che si era stabilito tra i *peuls* di Macina: era un'esperienza che mi interessava molto. Mi diressi verso il porto, aspettando qualche grossa piroga; ma non ne arrivava nessuna. Di fronte alla prospettiva, che si faceva sempre più chiara man mano che il giorno tramontava, di passare la notte sul fiume che si muoveva incessante, oppure sulle sponde infestate dalle zanzare, rinunciai all'esperienza programmata. Il cambiamento mi permise di rispondere ad un invito a visitare alcuni villaggi del paese dei Dogon; mentre tornavamo, duecento metri prima di arrivare alla strada asfaltata, la jeep si impantanò: sotto il sole cocente furono necessarie due ore per venire a capo del problema. La sera, mentre dalla mia stanza guardavo l'affluente del Niger, sentii come un velo che mi copriva l'occhio sinistro; quando, durante la notte, la sensazione si ripeté pensai subito ad un grosso guaio. La mattina dopo un'infermiera mi consigliò di tornare subito a Bamako; in piena savana, con un mezzo di fortuna, i seicento chilometri su una strada che era stata asfaltata non erano esattamente come uno spostamento in elicottero. L'oftalmologo mi diagnosticò un distacco di retina e uno strappo all'occhio. Poiché il telefono non funzionava, l'amico che mi ospitava si fece aiutare dall'esercito per avvertire via radio i francescani ad Abidjan, oltre che il mio *baba*. L'unica cosa da fare era aspettare di partire con destinazione Parigi per un intervento chirurgico.

Il mio anfitrione stava leggendo una lettera al suo ospite mezzo cieco, quando intese un rumore; stupefatto, riuscì solo ad esclamare: "Oh! C'è il Vecchio!". A me era bastato l'"Oh!". Intravedevo *baba* nel vano della porta; aveva preso il primo aereo possibile, dopo aver detto alla famiglia: "Mio figlio è ammalato; bisogna che lo vada a vedere prima che parta per la Francia". Rimase con me per quarantotto ore, sino a quando, in piena notte, partì il mio aereo. Non approfittò del suo viaggio nemmeno per fare un salto a Ségou, il suo paese natale: partì dopo di me, con la mia cartella di scuola ormai inutile, per "portare la nuova"[18] ai miei frati francescani e alla famiglia Sakho. Dalla Bretagna mia madre, commossa per il suo gesto, gli scrisse un biglietto; ne ricevette questa risposta: "Per quanto riguarda la mia presenza a Bamako, era più che naturale, perché un popolo dei nostri, l'Ashanti, dice: 'Nel mio dolore ho chiamato il mio oro, ma non mi ha risposto; ho chiamato le mie ricchezze e i miei bei vestiti, ma non mi hanno risposto. Solo un uomo può condividere la sofferenza e la prova di un uomo'. Ma sono convinto che Gwenolé uscirà vittorioso dalla prova, magari non come lo penseremmo noi: ma chi può scrutare la fede e scoprire i disegni di Dio? Allora, sia fatta la sua volontà. Amen!".

Dopo il ricovero in un ospedale di Parigi e qualche visita in un altro di Caen, otto mesi più tardi ripartivo per la Costa d'Avorio, deciso a tornare in fretta a Bamako, per via della lingua *bambara*; ma l'occhio destro decise

---

[18] Espressione locale tipica, che significa annunciare, trasmettere e commentare le novità banali o importanti.

di solidarizzare con il sinistro, così che ebbi una ricaduta. Invece di raggiungere il Mali, tornai in Francia. Tutto sembrava finito.

Intanto *baba* pregava. Altri sette mesi e ritornai, deciso a cercare il dialogo con i piccoli mezzi che Dio voleva; se lui pensava che le lingue, arabo o bambara, non erano necessarie per il suo servizio, erano affari suoi!

Incontro o dialogo?

Dal marciapiede bastava un piccolo gesto interrogativo ai barbieri che avevano bottega all'ombra della sua casa per sapere se il mio *papà* c'era. Se lui mancava, mi accoglievano sua moglie Aminata o i suoi figli, spiacenti per me, ma contenti di potermi testimoniare il loro affetto; qualche volta, i frequentatori abituali del cortile si alzavano e si mettevano a cantare la loro gioia di vedermi tra di loro.

Baba era l'anima del nostro gruppo islamocristiano; aveva settantacinque anni, ma non si risparmiava. Lui ed io eravamo sempre più complici; lui preparava con cura dei discorsi che invitavano le due comunità a muoversi, per esempio queste righe trovate in un documento, anche se non so se siano realmente giunte all'uditorio previsto: "Il nostro dialogo non ha come scopo quello di convertire gli uni e gli altri, o quello di mettere a tacere la nostra fede. Deve semplicemente guidare gli uni e gli altri a non rimanere immobili nei nostri orientamenti, e aiutarci a scoprire i mezzi per andare oltre noi stessi, per divenire migliori in noi e nei nostri reciproci rapporti. Per rendere più consistente il peso del bene nel mondo africano, dobbiamo individuare gli atteggiamenti richiesti da un incontro tra credenti. Questo lavoro riguarda voi, voi marabù e voi preti, guardiani fedeli e leali della fede religiosa, animati da una fede sincera che sgorga dalla purezza delle vostre anime, voi che la provvidenza ha rivestito dell'autorità morale necessaria a quanti guidano le anime. Noi abbiamo fiducia in voi, perché ai nostri occhi voi siete l'aureola della santità".

El Hajj Sakho usava poco la parola dialogo, e io ero perfettamente d'accordo con lui, per esempio rileggendo queste frasi di un editoriale di *Relations*, il bollettino pubblicato dal nostro gruppo: "Un dialogo è la fase finale di un incontro. È possibile e si realizza in qualche caso, ma rimane utopistico nella maggioranza delle nostre comunità … Si vorrebbe iniziare con il discorso di inaugurazione del ponte prima ancora che il ponte sia costruito!".

Un'avventura spirituale

Ricorderete la *Lettera da leggere sull'aereo* che avevo lasciata a *baba* quando stava partendo per la Mecca. Quel pellegrinaggio ha impegnato l'uno e l'altro di noi ad una comunione profonda; Dio solo sapeva che saremmo stati chiamati ad un'avventura spirituale. È difficile trovare le parole per esprimere questa avventura, tanto più che non si è conclusa con la morte di *baba*: la tappa terrestre si concluderà per me solamente quando lo raggiungerò per vivere con lui e con tutti i miei l'Incontro e il Dialogo che non hanno fine; lui è semplicemente un po' più avanti di me.

Aggiunti agli aneddoti già ricordati in queste pagine, qualche lettera e qualche biglietto daranno meglio l'idea della complicità che regnava tra noi, della grazia dell'Unico che ci legava l'uno all'altro, della benevolenza divina che si prende gioco delle frontiere.

Il 20 agosto del 1976, mentre sono in vacanza, ricevo questa lettera: "Non sono le parole a esprimere bene l'amore. È una stretta di mano, un sorriso, un lungo scambio di sguardi alla luce di Allah. Ti chiedo solo di pregare Allah perché io possa aprirmi pienamente al suo amore, così che la corrente dell'amore passi attraverso di me senza che da parte mia ci sia alcun rifiuto. Per finire, figlio mio, sto in silenzio, ti stringo la mano e ti contemplo lungamente nella tua trasparenza di fronte ad Allah. Perché l'amore universale consiste nell'amare Allah e nell'essere trasparenti al suo amore per i nostri amici. A mio figlio *Yaya*, perché l'Eterno stenda su di te la sua destra e ti benedica. Amen".

Mentre sono impegnato sul campo, si rende conto della mia debolezza: "Il coraggio non è solo quello del soldato che tiene in mano un fucile – mi scrive – ma anche quello di chi osa esprimere il suo pensiero. Coraggio, *Yaya*, coraggio! Non scoraggiarti!". Ancora, il 31 agosto del 1982: "L'incontro è difficile, ma ci sarà. Abbi coraggio: imita il Signore Gesù … Hanno cercato di uccidere il tuo Papa: vedi com'è fatto il mondo. Non si tratta di un muratore, di un falegname, di un poliziotto, ma di un Papa, che ha dietro un miliardo di persone. Davvero, l'incontro è difficile, ma ci sarà".

Quando mi trovo lontano dall'Africa, *baba* mi ritiene molto forte e si dispiace per la mia assenza; nell'ottobre del 1983 sono in Europa per un lungo periodo di riposo imposto dai medici: "Dal momento della tua partenza – mi scrive – sento il tormento della lunga assenza di un figlio amato con inquietudine, un silenzio obbligato soprattutto dalla dura prova di una separazione che rischia di essere duratura. Sappi che le tue lettere mi hanno recato una delle più grandi soddisfazioni morali della mia vita; perché se metti una fiamma sopra a un'altra fiamma le due si uniscono scintillando, e io sento la tua assenza come qualcosa che manca dentro di me. Se avessi la possibilità economica ti avrei già raggiunto da un pezzo, anche solo per una settimana, giusto per vedere il tuo stato di salute. Il tuo papà".

Qualche giorno prima aveva preparato un piccolo discorso per una riunione a cui teneva; dopo qualche considerazione sull'incontro, innalzava la sua lamentela: "Permettete che io mi fermi qua; io sono sensibile e non posso essere testimone di qualunque male senza esserne colpito, ecco perché oggi soffro per un grande silenzio e per un'assenza... in questo stesso momento sto morendo dalla voglia di andare in Francia per vedere mio figlio... L'acqua, per essere scaldata correttamente, ha bisogno di qualcosa di intermedio tra lei e il fuoco; voglio dire che, nonostante la mia età, io ho bisogno della sua compagnia per esserne confortato".

Ho avuto la grazia di incrociare l'itinerario spirituale di un santo che non era della mia religione. Io desideravo fargli spazio, trovare il suo spazio nella Chiesa, e lui era pronto a farmi spazio nella *Umma*[19]. Come un pellegrino che va in cerca di altri cercatori di Dio può fermarsi per vedere l'incenso della preghiera dell'altro innalzarsi verso il cielo, così io lo desideravo vicino a me e lui mi voleva vicino a lui. El Hajj Sakho possedeva la virtù di lasciar entrare l'altro nel suo spazio e di elevarsi insieme a lui non già verso la Kaaba, ma verso Dio che ci aspetta nella sua casa in cui finalmente lo potremo contemplare con un unico sguardo.

Lo spirito dei *Fioretti*

Il racconto della visita di san Francesco al sultano d'Egitto aveva appassionato *baba*. Conosceva già la mia fraternità; spesso si fermava dalle suore francescane e voleva bene alle clarisse che ci capitava di visitare. Un giorno mi lasciò stupefatto: "San Francesco ha inventato qualcosa per tutti gli uomini e le donne di Dio; ma non ha fatto niente per noi, per la gente sposata?". Era la stessa domanda posta nel corso del XIII secolo da ascoltatori entusiasti al piccolo frate d'Assisi, che così fu indotto a dar vita a una fraternità di laici, uomini e donne, per la maggior parte sposati, desiderosi

---

[19] La comunità musulmana nel suo insieme, un po' come quando diciamo la Madre Chiesa. L'*Umma* è la matrice nella quale i credenti si raccolgono come fratelli e sorelle.

di vivere il suo stesso carisma. Poco tempo dopo Eric de Rosny, autore del libro famoso *Les yeux de ma chèvre*, mentre accompagnava un consigliere culturale del consolato francese a visitare la biblioteca di El Hajj Sakho, si presentò dicendo: "Sono un sacerdote gesuita". Sui due piedi, ottenne la risposta: "Io, invece, sono un laico francescano".

Come ogni buon francescano, a volte il mio *papà* è molto serio e a volte meno: nel 1978 è di nuovo in viaggio per la Mecca, e passa anche dalla Francia per rivedere alcuni amici cristiani o agnostici. Insieme ad un pastore protestante visita la cattedrale di Chartres; mia madre si precipita a Parigi per offrirgli un dolcetto e lui trascorre uno o due giorni presso il nostro convento di Caen. Alcuni anziani frati, con la loro tonaca, lo accolgono con un rispetto che gli strappa le lacrime. Al ritorno in Africa mi racconta la sua emozione, ma aggiunge anche maliziosamente: "*Yaya*, erano dodici: mi sentivo come Gesù in mezzo ai suoi apostoli!". Compagnoni impenitenti, scoppiavamo a ridere stringendoci la mano.

Tornando dall'Arabia Saudita, quella volta *baba* mi regalò due "rosari" comprati laggiù; la delicatezza del gesto mi colpì in modo ancora maggiore per quanto *baba* mi disse: "Uno è per te; l'altro è per tua madre, mia sorella. Per lei lo trasformerai in qualcosa di cristiano!". Non voleva che mia madre si scandalizzasse, per questo mi affidava il compito di incidervi una croce così che lei potesse pregare Dio come era abituata ricordandosi del suo "fratello".

Il nunzio aveva espresso il desiderio di incontrare a casa propria qualche componente importante della comunità islamica: *baba* allora aveva contattato dei "grandi" dell'islam per far visita al "grande" della Chiesa[20]. Il giorno stabilito mi presento con la mia utilitaria per portare mio *papà* al luogo stabilito; davanti a casa sua vedo una Mercedes con l'autista: *baba* mi presenta un super-prefetto in pensione. Ritenendo preferibile che facessimo conoscenza prima dell'arrivo alla nunziatura, mio *papà* dice all'eminente personaggio: "Tu vai con l'auto di *Yaya*, io vado con la tua". Guardavo nello specchietto cercando di inquadrare *baba* seduto al fresco nella bella auto climatizzata, mentre il mio compagno sudava copiosamente nel mio macinino ... Al termine della riunione riporto a casa *baba*: discutevamo piacevolmente sulla soddisfazione dei "grandi" a proposito del loro dialogo; a un certo punto mi abbraccia e mi sussurra: "*Yaya*, solo noi due possiamo fare delle pazzie simili!". Mentre riparto faccio fatica a

---

[20] Traduciamo così l'espressione franco-ivoriana che indica le personalità importanti.

trattenere uno scoppio di risa, e penso che il mio Vecchio stia facendo la stessa fatica mentre entra nel suo cortile.

Baba non è francescano solo per modo di dire: non ha timore a fare la sua professione di fede da buon discepolo musulmano: «Francesco d'Assisi è al di sopra del pensiero che potete averne. Se sei francescano, se sei cristiano, lo devi imitare. Dalla bocca di san Francesco d'Assisi non è mai uscita una parola cattiva: io sono musulmano, e un poco tento di imitarlo»[21].

"Dio mi ha regalato solo l'amore"

Raymond Deniel, sociologo gesuita, mi aveva proposto di stendere insieme a lui un libro su *baba*. Quest'ultimo stava parlando, felice di essere con noi, felice anche del bicchiere di latte ricevuto: "Io non voglio vendicarmi, mai. Dio mi ha regalato solo l'amore". "Ma tu hai sempre pensato così?" "Sì, ma con i fatti di tutti i giorni è diventato per me come A+B. Esiste solo l'amore! Secondo me l'amore non ha limite, misura, colore. Niente vale se non l'amore; e l'amore io lo porto qui nel mio cuore. L'ho letto: 'Dio ha creato il mondo per amore'. E ho letto nei libri: 'Dio è amore'. A partire dal fatto che Dio è amore, cosa aspetti per amare l'amore, se sei credente? L'amore nasconde tutti i difetti, l'odio fa nascere le contese. Voi non avete bisogno di chiedermi cosa sia l'amore, lo sapete meglio di me. Niente vale se non l'amore. Ecco, sto bevendo il vostro latte: l'ho forse pagato? E non è amore questo? Mentre venivo qua, gli altri che mi vedevano entrare da voi forse pensavano: 'Il marabù si è convertito'. Un mio nipotino mi diceva l'altro giorno: 'Papà, leggi tanti libri cristiani'. Gli ho risposto: 'Già, loro sono organizzati, uniti; sono colti. Siamo obbligati ad imitarli. Io i cristiani non solo li amo, ma gli faccio anche concorrenza. La concorrenza è un fattore di progresso: io voglio che voi siate organizzati".

Poi, alludendo al pellegrinaggio a Roma e a Gerusalemme, e chiamandomi con il titolo di quanti tornano dalla Mecca, continuava: "Al Hajj, l'amore è un dono di Dio, e un dono non si può copiare. Amare: *Wallaye* (Per Dio)! Io amo troppo, amo troppo gli uomini. È un dono, non è colpa mia. Quando un pazzo entra a casa mia, lo accarezzo. Non è colpa mia, è grazie a Dio! E anche grazie al contatto con voi: tu lo sai quanto hanno

---

[21] Vedi G. Jeusset – R. Deniel *Ami de Dieu et notre ami: El Hajji Gamby Boubacar Sakho*, p. 43. Nell'episodio che segue riprendo la pagina 40 dello stesso libro, completandolo con le frasi pronunciate allora, ma non pubblicate.

fatto per me quando sono andato in Francia …". Mi intrometto: "Hai mai fatto del male a qualcuno?" "L'ho fatto! Ma non mi ricordo… L'ho fatto". "Hai dei nemici?" "Nessuno ha dei nemici! Abbiamo solo degli avversari. Attenti! Nessuno ha nemici: abbiamo avversari che vogliono fare meglio di te. Non credo nei nemici".

Nel 1987 il nuovo nunzio volle recarsi di persona a casa di El Hajj Sakho; quest'ultimo aveva preparato un discorso che suo figlio Ibrahima stava leggendo davanti a noi; il Vecchio disse a suo figlio di parlare più forte; il nunzio fece capire che sentiva bene: "Già ma io non sento – disse *baba* a Ibrahima – un discorso è fatto per essere declamato!". Poco dopo *baba* chiede un regalo: sarebbe stato felice se Monsignore avesse accettato di andare a visitare un vecchio amico cristiano, ammalato, che abitava in una strada vicina; gentilmente il vescovo si prepara alla passeggiata. Nel quartiere la processione non passa inosservata, perché tutti hanno visto il giorno prima in televisione quello che chiamano il fratello più piccolo del Papa offrire al presidente Houphouet-Boigny le lettere credenziali. Per il cristiano ammalato e per sua moglie fu come se il Santo Padre in persona fosse entrato in casa loro, grazie all'amico musulmano.

È il momento di terminare questo capitolo, anche se con dispiacere. Concludo con quello che io ritengo il vertice del nostro incontro: arrivo nel suo cortile, questa volta stranamente vuoto e silenzioso; entro nel salotto e scorgo mio *papà* accovacciato, mentre sgrana il suo rosario. A un suo gesto, mi siedo, tiro fuori un rosario cristiano e mi unisco a *baba* a livello di Dio. Qualche minuto è passato, certamente, anche se non ho potuto misurare lo scorrere di quel tempo di paradiso; El Hajj si alza e sussurra: "*Yaya*… sono drogato dell'amore di Dio".

Quel giorno ho capito meglio ciò che mi era richiesto: scoprendo lo Spirito santo all'opera così in profondità, non mi restava che cantare il *Magnificat*. Da allora, non sono ancora arrivato al termine!

I fratelli che Dio mi ha donato

Ogni uomo è unico, ma sarebbe sbagliato pensare che il personaggio straordinario con cui ho condiviso il cammino spirituale sia talmente eccezionale da essere unico nell'ambiente islamico. Quante volte mi è stato quasi rinfacciato: "Già, ma tu con *baba* hai trovato la perla rara". È un'autentica ingiustizia: sono tanti quelle e quelli che in paesi islamici potrebbero offrire la loro testimonianza di amicizie simili, ma sono talmente pochi quelli che li ascoltano. Mi sia concesso ora di ricordare altri fratelli tra quelli che Dio mi ha donato.

Alpha, che Dio ci ha tolto troppo presto

Alpha Cissè era un sapiente e un credente. Direttore dell'Istituto geografico della Costa d'Avorio, la sua modestia era notevole, in un tempo in cui molti trovavano qualunque scusa per apparire in primo piano. Viveva in dignitosa semplicità e per il francescano che si trovava più a suo agio nelle strade di Port-Bouet che nelle ville di Cocody[22], costituiva un piacere sempre nuovo andarlo a visitare a casa sua o presso l'Istituto. Avevamo la stessa età e la stessa speranza nell'avvenire del dialogo, ambedue consapevoli delle trasformazioni necessarie all'interno delle nostre comunità per farle uscire dalle loro mura. La nostra analisi era questa: ad ogni livello le persone si conoscevano, si incontravano, si stimavano, ma le comunità rimanevano troppo chiuse in se stesse. Non era necessario provocare un nuovo slancio?

Alpha riunì qualcuno dei suoi amici per dar vita insieme a noi al gruppo islamocristiano; a intervalli regolari organizzavamo discussioni su temi che interessavano le due comunità, come l'educazione dei figli o le coppie miste. A volte ci lasciavamo guidare dall'attualità, come per il confronto sull'autorità nella Chiesa e nell'islam in occasione della visita del Papa. La discussione nasceva anche dai viaggi di qualcuno di noi in paesi arabi, o a partire da qualche nuovo libro, per esempio *Musulmans africains, des com-*

---

[22] A quel tempo, il grande quartiere residenziale di Abidjan.

munautés en mouvement, alla presenza dell'autore, il domenicano Luc Moreau. Se il vecchio Sakho era l'anima del gruppo, Alpha era il musulmano
ben inserito nella modernità. Il termine del mese di *ramadan* è indicata da
questo o quell'*imam* che vede apparire la luna nuova: è una prassi negativa
per l'economia, e incerta quando il cielo è nuvoloso; lo stato ne guada-
gnerebbe se si potesse prevedere la data della fine del digiuno e i giorni di
festa. Cissé si impegnò a stabilire scientificamente un calendario astrono-
mico preciso delle ore delle preghiere e delle feste; ogni anno pubblicava
il calendario *Alpha*. Sapeva che il suo lavoro non si sarebbe imposto così
sui due piedi: "Ci vorrà tempo per convincerli, ma quando vedranno che i
calcoli sono giusti lungo diversi anni, cambieranno idea".

Durante i ricoveri necessari per i miei guai agli occhi, Alpha Cissé si
preoccupava molto. Il 22 giugno del 1977 mi scriveva: "Non saprei dirle
quanto lei ci manca. Domandiamo al Signore Dio di tutti noi anzitutto la
sua pronta guarigione e poi una lunga vita per tutti noi, perché con la salute
e la vita non c'è motivo di disperare, e avremo l'occasione di ritrovarci più
di una volta e di sostenerci per il raggiungimento dei nostri obiettivi. Insieme a don Siméon facciamo del nostro meglio per animare il movimento; il
vecchio Sakho è un aiuto prezioso in questo senso. Sono stato da lui a notte
fonda per aiutarlo in occasione della crudele perdita di suo figlio a seguito
dell'incendio del 9 giugno[23]: le confido che sopporta con filosofia. Vi man-
do i saluti del gruppo musulmano e gli auguri di una buona guarigione".

Nel 1984, mentre mi trovavo nelle Filippine, mi raggiunse una lettera
che mi annunciava la morte, a causa di una meningite, di questo amico
così discreto. "La terra ti sia lieve", si dice tradizionalmente nel suo paese;
gli siano concessi il paradiso e la visione di Allah!

Abdulaye, il mio *imam*

Qualche giorno prima della sua uccisione, nell'ottobre del 1970, fra
Jean-Paul mi aveva mandato nel quartiere di Vridi-Canal per celebrarvi la
prima messa dal nostro arrivo. Dopo la celebrazione, mi rivedo ancora in
un cortile, non lontano dalla piccola moschea, mentre mi informavo da
coloro che mi attorniavano per sapere se era possibile incontrare l'*imam*.

---

[23] Ad Abdjan alcuni giovani festeggiavano il diploma di fine anno in una discoteca del centro
quado scoppiò un incendio. Tra le vittime ci fu anche Sheick, il figlio amato. Baba si comportò in
modo ammirevole, consolando quelli e quelle che andavano da lui piangenti per porgergli le con-
doglianze. Una volta tornato, andammo insieme a pregare sulla sua tomba.

I cristiani mi guardarono con occhi tali che temetti di aver commesso un errore fatale. Feci una diplomatica retromarcia, ma domandai comunque se conoscevano *l'uomo che dava scandalo*: la risposta fu un *sì* sicuro; provai a chiedere se lo frequentavano e il *sì* divenne più evasivo... Pensavano che, per motivi religiosi, un sacerdote non avrebbe potuto coltivare un tale rapporto. Allora tornai all'attacco: "E se andassi a visitare l'*imam*, cosa direbbero i cristiani?". Stupefatti, finirono col confessare la gran gioia nel vedermi condividere il loro "peccato".

Dopo aver inviato un ambasciatore, il piccolo gruppo orgoglioso di portare il proprio pastore fu accolto da Abdulaye: iniziò così una lunga serie di visite, dapprima cordiali, poi amichevoli e ben presto davvero fraterne.

I cristiani dell'Alto Volta – ancora non si chiamava Burkina Faso – avevano con i loro vicini relazioni di fraternità etnica che arrivavano sino alla condivisione gioiosa delle rispettive feste; ma esitavano a confidare queste relazioni ai loro parroci che, spesso, temevano una forma di sincretismo. Non era un timore ingiustificato, ma la soluzione tradizionale, cioè quella di scoraggiare i rapporti, non era quella giusta. I più poveri mi hanno insegnato questo: aiutando i credenti ad incontrarsi nel rispetto è possibile condurli non a mescolare tutto, ma ad approfondire la propria fede per accostarsi a Dio a partire dai diversi compagni che Lui mette sul nostro cammino.

Per non mettere in imbarazzo chi sarebbe venuto dopo di me, evitavo di andare in visita durante i giorni di festa; rimasi stupefatto quando un buon Padre, poco convinto della superiorità del mio carisma, mi disse: "Lo sai che i musulmani hanno iniziato la preghiera in ritardo perché aspettavano te?". Sbalordito, mi affrettai comunque a dire che d'ora in poi sarei stato presente, e rimasi fedele alla promessa sino alla mia partenza, dodici anni più tardi. Con il mio abito religioso, per sottolineare meglio il significato spirituale della mia scelta, assistevo al rito in atteggiamento orante, ma comunque rimanendo indietro e sempre in piedi. Poi, insieme a Etienne Ouedraogo, il capo cristiano, ci affrettavamo a fare gli auguri alla comunità nella persona del suo *imam*. Nei giorni di festa cristiana i cattolici offrivano qualche dolcetto ai musulmani; nelle feste islamiche i musulmani offrivano da bere e, nel giorno della *Tabaski*[24], una porzione di pecora. Dopo un quarto di secolo Etienne non c'è più[25], ma Abdulaye

---

[24] Così, nell'Africa occidentale, viene chiamato l'*Id-el-Kebir*, la grande festa del Sacrificio di Abramo.

[25] Suo figlio Ambroise oggi è vescovo di Maradi, nel Niger, dove coltiva relazioni eccellenti con i musulmani.

forse è ancora nella *bidonville*, e spero che questo tipo di tradizione abbia continuato. In confidenza, chiamavo quella comunità la mia parrocchia musulmana: io ero il parroco di Abdulaye e lui il mio *imam*.

Una volta suggerii ad un mio confratello francescano, esperto fotografo, di cogliere dal vivo la festa del Sacrificio, col suo entusiastico consenso. Qualche settimana dopo proiettavo le diapositive al centro della *bidonville*: la serata, memorabile, radunò insieme nel cortile di Abdulaye cristiani e musulmani, uniti dalle grida di gioia, da momenti di emozione e da un'apparecchiatura elettrica che funzionava … per opera dello Spirito santo.

Nel 1973, quando il quartiere rischiava di essere raso al suolo dai bulldozer, proposi ad alcune famiglie di sistemarsi su un terreno regalato da una cristiana europea, a qualche chilometro di distanza. Era un'azione più evangelica che legale, ma l'amministrazione, per quanto ne sapeva, seppe chiudere gli occhi, dato che questi cristiani e musulmani indicati ufficialmente come "abbandonati", erano sotto la protezione del "padre". La piccola moschea in legno della *bidonville*, comunque, non fu toccata; più tardi offrii anch'io il mio contributo per la costruzione di un edificio più solido: Abdulaye non mi offriva forse qualche spicciolo per comprare una bibita rinfrescante nei giorni di gran caldo? La piastrella istoriata che, anni dopo, acquistai in occasione di un viaggio in Asia presso la spianata della grande moschea di Bandoeng in Indonesia si troverà adesso nella vecchia o nella nuova moschea? Quegli amici e fratelli erano stati così contenti del mio piccolo ricordo che l'avevano piazzato nel *mihrab*[26]. Un giorno in cui gli avevo letto il messaggio per la fine del *ramadan* proveniente dal Vaticano, salutai Abdulaye più in fretta di quanto lui avrebbe desiderato, perché volevo portare il messaggio anche ad altri musulmani che la gente della *bidonville* considerava dei ricchi; mi giustificai dicendo: "Ci tenevo ad iniziare con voi". L'*imam* dei poveri, con tutta calma, mi disse queste parole che continuano a risuonare in me: "Adesso che vai dai grandi non dimenticarti dei piccoli: noi siamo qua!".

Come avrei potuto dimenticarli quei cristiani e quei musulmani che mi hanno aiutato a rimanere frate minore[27] accogliendomi nel loro cuore?

---

[26] Piccola rientranza o nicchia, a livello superiore della moschea, che indica la direzione in cui si trova la Mecca.

[27] San Francesco, dovendo dare un nome ufficiale alla sua fraternità, propose: l'Ordine dei Frati minori. Oggi direbbe certamente l'Ordine dei piccoli fratelli.

Il discepolo di Tierno Bokar

Il primo "grande" che sarei andato a visitare era Amadou Hampâté Bâ, un personaggio che ti faceva dimenticare subito che tu eri un piccolo, perché ti faceva capire sino a qual punto eravamo fratelli. Era nato nel nord del Sudan francese, l'attuale Mali; dopo l'indipendenza, alcuni problemi con il Senegal avevano comportato la soppressione dell'unico sbocco sul mare del suo paese. Il governo del Mali, allo scopo di ottenere una zona franca in Costa d'Avorio, aveva nominato Hampâté ambasciatore presso il suo amico Houphouet-Boigny; per questo l'anziano ambasciatore si divertiva a ricordare scherzando che era stato guardiano del porto. Assolto questo incarico, era rimasto in Costa d'Avorio e aveva ripreso a lavorare in letteratura; all'interno della sua abbondante produzione si ricorda un romanzo sulla tematica coloniale, *L'etrange destin de Wangrin*, e i suoi ricordi: *Amkoullel, l'enfant Peul*, e *Oui, mon commandant!*[28]. Il "tradizionista", come amava definirsi, si specializzò anche nella redazione di racconti della sua etnia: sapeva di esserne la fragile biblioteca: "In Africa, quando muore un anziano, è una biblioteca che va in fumo". Questa frase, divenuta proverbiale, è sua. Bisogna anche ricordare quello che certamente fu il suo primo libro: *Vie et enseignements de Tierno Bokar, le Sage de Bandiagara*[29]. Tierno Bokar (*Tierno* significa maestro in lingua *peul*) era responsabile di una scuola coranica nel villaggio di Amadou, che era il discepolo prediletto. Théodore Monod, che insieme a quest'ultimo andò a fargli visita, descriveva il maestro come il san Francesco d'Assisi dell'Africa occidentale; vivendo nella sua casa in un villaggio sperduto, quell'uomo praticava un secolo fa un ideale di apertura stupefacente: "Voliamo – spiegava – come l'aquila dalle ali possenti verso l'unione dei cuori, verso una religione che non sarà orientata all'esclusione degli altri 'credo', ma all'unione universale dei credenti, liberi rispetto a se stessi e moralmente liberati dai desideri di questo mondo". L'idea è di Tierno, lo stile probabilmente è del discepolo. Almeno una volta al mese andavo a visitare Hampâté Bâ; una volta, tornando da un ritiro spirituale, gli dissi: "Avevo portato con me una vita di san Francesco del tredicesimo secolo e il libro su Tierno: li ho meditati in-

---

[28] Speriamo che la morte di Hélène Heckmann, la sua curatrice letteraria, avvenuta il 2 marzo del 2002, non impedirà l'uscita dell'atteso terzo volume. I tre libri citati sono usciti in Italia nelle seguenti edizioni: *L'interprete briccone* (Ed. Lavoro, 2002), *Amkoullel, il bambino fulbe* (Ibis, 2001), *Signorsì, comandante* (Ibis, 2006).

[29] *Il saggio di Bandiagara*, Neri Pozza, 2001.

sieme". Mi chiese cosa fosse una *Vita*; gli spiegai: "Si tratta di una riflessione su un modello di santità, come anche di una biografia nel senso moderno del vocabolo". Allora scrisse queste parole come dedica sulla mia copia del suo lavoro: "Questa *Vita* al mio fratello in Dio, fra Gwenolé Jeusset, in comunione vitale".

Qualche tempo dopo venne al noviziato francescano di cui ero responsabile; pregò insieme a noi in cappella l'ufficio divino, e affascinò i giovani frati africani con il suo incomparabile talento di cantastorie e con le sue riflessioni spirituali; quando ci salutò, quattro ore dopo, sembrava che il tempo fosse volato.

Profondamente religioso, quest'uomo divenne famoso tra i cristiani attraverso il suo piccolo libro *Jésus vu par un musulman*[30]; si tratta del testo di una conferenza tenuta a Niamey al centinaio di partecipanti ad un incontro organizzato dalla Commissione per le relazioni con i musulmani della Conferenza episcopale dell'Africa occidentale. Hampâté Bâ fu un vero punto di incontro tra le due comunità; aveva delle espressioni folgoranti: "Se l'altro non ti comprende, significa che tu non l'hai compreso. Il giorno in cui tu lo capirai, anche lui allora ti capirà".

Un altro amico musulmano aveva ricevuto dalla televisione della Costa d'Avorio l'incarico di preparare una serie di trasmissioni; dopo un breve film su ciascuna delle cinque colonne dell'islam[31] stava pensando a un dibattito tra rappresentanti delle nostre religioni: mi invitò alla prima trasmissione sulla *Shahada*, la professione di fede. Di fronte ad un maestro di scuola coranica, tutto si svolse in modo eccellente, a mio parere; alla domanda dell'intervistatore: Come vi ponete di fronte alla professione di fede?" risposi più o meno: "Sono assolutamente d'accordo con la prima parte della *Shahada*; per la seconda, è diverso. Sono in comunione con i fratelli e le sorelle dell'islam quando proclamano: 'Non esiste Dio se non Dio solo', ma, lo sapete, per noi Gesù è l'ultimo profeta e, più ancora, Gesù è Dio stesso tra di noi. Per questo non posso recitare la seconda parte della vostra professione di fede, a meno di essere incoerente"[32].

Non so se per motivi di ordine tecnico o per questioni di politica religiosa interna alla comunità musulmana la serie televisiva si fermò dopo

---

[30] *Gesù visto da un musulmano*, Bollati Boringhieri, 2000.
[31] Le cinque colonne, considerate la base dell'islam, sono: la professione di fede, la preghiera rituale, il digiuno del mese di *ramadan*, l'elemosina e, per tutti coloro che lo possono fare, il pellegrinaggio alla Mecca.
[32] "E Maometto è il suo profeta".

la prima puntata, ma mi ricordo che era un 6 gennaio degli anni Ottanta; in quella Epifania mi sentivo un po' come uno dei tre re sulla soglia della dimora di altri credenti. Qualche giorno dopo Amadou Hampâté Bâ mi confidò la sua grande gioia: aveva seguito la trasmissione con il suo gruppo e si erano stupiti per la mia risposta. Allora lui aveva spiegato: "Se Gwenolé avesse detto che era d'accordo, non sarebbe più stato cristiano, ma quel che è positivo è la sua amicizia con noi anche se non crede come noi".

Quando si vuole parlare dei passi dei musulmani nel dialogo islamo-cristiano nell'Africa occidentale, è doveroso sottolineare con forza il *pellegrinaggio verso i fratelli cristiani* – non trovo un'altra espressione – di questo grande scrittore; bisognava sentirlo raccontare, senza alcun rammarico, di come il Vicario apostolico di Ouagadougou, nel timore di vedere quest'uomo così affabile attirare all'islam la popolazione animista appena cristianizzata, avesse ottenuto dall'amministrazione coloniale il trasferimento di quel giovane impiegato: "Grazie a Mons. Thévenoud ho avuto la possibilità di visitare quasi tutto l'Alto Volta", e scoppiava a ridere, giustificando gli uomini che erano "di quel tempo".

Anche a lui avevo raccontato la vista di san Francesco a Malik al-Kamil e, insieme, avevamo preparato un numero speciale della nostra rivista *Relations*, lui parlando del suo Tierno, e io raccontando il viaggio in Oriente del mio fondatore. Nel 1985 Amadou mi fece l'onore di stendere la prefazione al mio libro *Dieu est courtoisie*[33] esprimendosi in questo modo sull'incontro tra il religioso e il sultano: "In un certo modo, il modo di procedere di san Francesco è esemplare, rimane un modello: ha avuto il coraggio di andare verso l'altro, di superare in un colpo l'oceano materiale e l'oceano dell'incomprensione tra gli uomini per recarsi nel cuore stesso della nazione ritenuta nemica. Una volta giunto là avrebbe potuto, come altri hanno fatto, insultare la fede di chi l'aveva accolto e in quel modo conquistare facilmente, diciamo così, la palma del martirio. Ma così non sarebbe più stato san Francesco. Che abbia avuto l'idea di convertire, questo non è da rimproverare, perché quel desiderio è insito in ogni vero credente: altrimenti non sarebbe stato veramente cristiano. E tuttavia non ha chiuso gli occhi su ciò che l'islam aveva di spirituale e di valido; non si è mai allontanato dal suo profondo rispetto per l'altro, dal suo amore per l'altro.

La grandezza d'animo di san Francesco la possiamo misurare dal coraggio che ha avuto, alla sua epoca, per comportarsi come si è comportato,

---

[33] Gwenolé Jeusset, *Dio è cortesia. Francesco d'Assisi, il suo ordine e l'Islam*, EMP, 1988.

presentando sempre le cose come vanno presentate, rispettando così l'insegnamento di Cristo, che vuole che amiamo il prossimo come noi stessi, se non di più".

Dopo molti anni di solitudine, causati da un corpo che non riusciva più a seguire la giovinezza del suo spirito, Amadou Hampâté ci ha lasciati, in un giorno di maggio del 1991, per andare verso il suo Signore.

Il mio fratello lebbroso

Dio mi ha fatto l'immensa grazia di avere per amico un lebbroso musulmano. Che uomo, Bokum! Venuto dal suo paese d'origine, il Mali, a vent'anni per fare fortuna, o semplicemente per guadagnarsi il pane, si era ammalato; la diagnosi era chiara: lebbra. Non aveva avuto il coraggio di avvisare la sua famiglia, e fu considerato disperso, mentre era ricoverato nel lebbrosario di Adzopé, conosciuto da molti per gli appelli di Raoul Follereau. Con *baba* io ero un figlio, con Bokum ero un fratello. Ogni mia visita era una profonda gioia reciproca.

Una volta l'ho intervistato per la rivista *Relations*: otto pagine meravigliose. Non mi stanco di rileggere quel che diceva il lebbroso Bokum, nel suo francese semplice, e riascolto quelle parole che continuano a colpirmi: "Io voglio rispettare l'uomo. Anche tu mi rispetti. È Dio che ha creato tutti gli uomini. Nella morte c'è il povero, il ricco, il malato, il sano... È così. Ma l'uomo che non pensa, se ti vede, ti dice: 'Ah, la gente così è cattiva; per questo Dio la punisce in questo modo'. A volte la gente mi dice così. Dicono che sono cattivo, per questo non guarisco. Io dico: 'Hai ragione. È Dio che ci ha fatto questo'. Mia madre[34] mi ha detto che se qualcuno mi dice cattiverie, non devo arrabbiarmi, devo perdonare, così Dio è felice. Se l'uomo ti fa del male, bisogna perdonare". Lo interrompo: "Nel Vangelo c'è un uomo cieco e i discepoli di Gesù dicono: 'È lui che ha peccato o i suoi genitori, perché è nato cieco?' Gesù dice: 'Né lui, né i suoi genitori. Ma Dio vuol far vedere come lo guarirà'". "Sì, è la stessa cosa – riprende Bokum – per questo dico che siamo noi che non capiamo. Un marabù mi ha detto che Gesù e Maometto, prima, in antico, non adesso, appartengono alla stessa famiglia. È la religione che li ha divisi. È Dio stesso che ha fatto così. Non sono stati loro. Questa è la religione dei cattolici, questa è la religione dei musulmani, ma tutto incontrerà Dio là in fondo". In un'altra

---

[34] Bokum chiamava così la superiora delle suore del lebbrosario.

occasione gli ho chiesto se le famiglie venivano a visitare gli ammalati: "Gli altri vengono, ma non vale niente. Vengono a vedere se è morto. Allora fanno qualcosa. Ma se l'uomo è vivo non gli danno niente. E adesso è morto. È quando l'uomo è vivo che bisogna aiutarlo, sino al giorno in cui Dio viene a prenderlo. Anche tu, Padre mio, il lavoro che fai non lo fai per niente. Se hai pietà dell'uomo, Dio avrà pietà di te. Se fai del bene all'uomo, fai del bene a te stesso. Perché Dio non dimentica. Lui ti ricompenserà. Lui non ha debiti. Per questo, per loro è un po' meglio. Ma solo un poco. Ma per me, veramente, da quando sono qua non c'è stato nessuno. Non ho nemmeno scritto lettere …". E continuava con un inno all'amore che, secondo me, attualizza quello di san Paolo nella prima lettera ai Corinzi, al capitolo 13:

"Per questo dico ogni giorno che la mia famiglia sono le suore,
i miei genitori sono le suore,
tutto quello che ho sono le suore.
Se l'uomo mi fa del male, sono le suore che mi curano.
Se mi danno da mangiare, sono le suore.
Se parlo con qualcuno, sono le suore.
La mia famiglia sono le suore.

Sono loro che ci curano, sono loro che servono, sono loro che ci danno tutto quello di cui abbiamo bisogno, sono loro che chiamano il dottore, sono loro che, prima, hanno costruito. È così, caro il mio Padre. Ci sono un sacco di persone del Mali qui, sanno che sono qui; ma quando sei povero, chi ti conosce? La mia famiglia sono le suore".

Passando a Bamako nel settembre del 1989 andai di corsa al lebbrosario in cui era stato portato diciotto mesi prima: era tornato al paese senza ritrovare la sua famiglia. Una suora gli aveva preannunciato il mio arrivo e le urla di gioia che accolsero il mio arrivo stupirono non poco gli altri lebbrosi. E poiché non vedeva la mia macchina fotografica mi chiese: "Non hai portato il tuo 'parecchio'?". Desiderava sempre che facessimo una foto insieme: con i suoi vestiti più belli, che gli nascondevano i moncherini, con gli occhiali che, pensava, gli ricostruivano un volto, Bokum si sentiva un re. Suor Anna Maria ci scattò una fotografia; non sapevamo che sarebbe stata l'ultima. Al posto della sua, che era rimasta silenziosa, gli avevo lasciato la mia radiolina, unico legame con il mondo che lui conosceva bene. Due mesi più tardi, suor Anna Maria mi scriveva: "Il signor Bokum ci ha lasciati per il cielo il 9 ottobre del 1989. La visita che lei gli ha fatto è stata l'ultima sua grande gioia. Nonostante gli antibiotici, non si è ripreso, e dopo aver sofferto molto nei primi giorni, si è addormentato in pace. Tutti, qui, hanno sofferto per la sua partenza: era un uomo piacevole, posso dire il più piacevole tra tutti i lebbrosi che ho incontrato. Sono sicura che è stato ben accolto in cielo. Ha ben sfruttato la vostra radiolina …". Un vicino scorbutico, che solo lui riusciva a sopportare, ha avuto in eredità la radiolina.

Bokum, il mio fratello lebbroso che mi ha donato molto più di quel che riesco a dire, mi ha preceduto nel regno di Dio: bisognerà che gli porti la nostra ultima foto!

Il prigioniero politico

Nella stessa breve visita in Mali avevo rivisto anche Idrissa, direttore di scuola, ex deputato che aveva conosciuto le prigioni del nuovo potere. All'annuncio della mia venuta era seguita una risposta; dalle poche righe traspariva un'attesa familiare: "Le mie mogli si ricordano il *Tabaski* che hai trascorso nella mia famiglia per poi venire a visitarmi in prigione insieme a colui che mi portava da mangiare. Ci sono gesti che non si dimenticano!".

Ci eravamo conosciuti quando ero stato in Mali per studiare il bambara. Qualche giorno dopo, mentre ero inchiodato al letto per il distacco della retina di cui ho parlato, Idrissa era venuto a visitarmi: la malattia dell'uno, la detenzione dell'altro furono tappe attraverso cui l'incontro umano tra credenti divenne ben presto un incontro fraterno, per nulla turbato dalle differenze di religione; anzi, queste ultime quasi ci servirono da stimolo per ritrovarci, al di là dei muri di separazione, come "fratelli nella fede nel Dio unico"[35]. Una volta liberato, Idrissa era venuto in Francia e aveva preso parte a modo suo, senza equivoci, in comunione spirituale, ad una Eucaristia che celebravo appena prima di prendere l'aereo. "La messa che hai celebrato al momento della tua partenza mi ha profondamente colpito per il suo contenuto spirituale: siamo così vicini e così fratelli!", mi aveva scritto in seguito.

Ed ora, eccoci di nuovo tra le braccia l'uno dell'altro. Come vorrei avere la sua dolcezza, la sua calma, la sua saggezza! A casa sua vengo accolto con gran gioia: dai bambini di ogni età, che per la maggior parte non mi conoscevano, e dalle mogli, che durante la prigionia, avevano mostrato di saper custodire l'unità della famiglia. Ventiquattr'ore dopo, Idrissa ripartiva per la città insieme al Padre Bianco che mi aveva portato all'aeroporto, lasciandomi un ultimo sorriso pieno di serenità. Non l'ho più rivisto: dieci

---

[35] L'espressione è di Giovanni Paolo II, a Parigi nel 1980.

anni più tardi, mentre attraversava un'affollata strada di Bamako, fu centrato da un ciclista; il grande rosario che portava in mano per pregare, che poi mi fu dato come eredità, si impigliò nella bicicletta e lo trascinò in una caduta rovinosa.

Ad eccezione di Abdulaye, l'*imam* dei poveri, tutti gli amici ricordati in questo capitolo mi hanno preceduto nella dimora di Dio; ma già pregusto il nostro incontro. Alpha e Idrissa, Hampâté Bâ e l'amato Bokum, insieme al mio *baba*, me li immagino di fronte alla porta del mio paradiso: la mia guida, Francesco d'Assisi, rubando il posto a san Pietro, apre la porta e li conduce incontro a me; guardandomi tutti con lo stesso sorriso luminoso, lasciano la parola al fondatore della *tariqa*[36] dei frati minori: "Caro il mio fratellino, le tue amicizie non sono sempre state cattoliche, ma puoi entrare. Questi hanno pregato molto perché tu potessi raggiungerli!"[37]

---

[36] Nell'islam la *tariqa* è una confraternita, una sorta di ordine religioso o di terz'ordine, con le proprie regole di iniziazione, un proprio rituale, un suo spirito di fraternità.

[37] Questo capitolo ha in parte ripreso, soprattutto nel finale, un articolo pubblicato sulla rivista *Amitiés Catholiques* dei cattolici francesi all'estero (n. 164, 1992).

Il terreno dell'incontro

Il dialogo può essere pensato, analizzato, deciso in una riunione di persone motivate, ma è necessario mettersi al livello della gente per poter gettare il seme e sperare la gioia di veder nascere dei frutti.

In alcuni giorni mi sentivo pieno di paura, ma ero comunque consapevole che, se volevamo promuovere uno slancio, il rischio da correre era quello dell'incontro. La filosofia del regime della Costa d'Avorio descriveva il dialogo quasi come una specie di *religione* nazionale; se l'uguaglianza tra le persone era ben lungi dall'essere realizzata, come allora si proclamava dappertutto, l'atmosfera permetteva comunque a quanti provenivano da etnie e da fedi diverse l'ascolto reciproco. Attraverso il racconto dell'una o dell'altra esperienza nel "paese reale" all'inizio della mia missione, vorrei far percepire le gioie e le difficoltà del seminatore di pace; la conclusione di questo capitolo indicherà i motivi che inducono a credere alla missione [38].

Osare l'incontro

Nell'edificio della vice-Prefettura di Agnibilekro sono riunite tra le tre e le trecentocinquanta persone che non parlano la stessa lingua: tutta questa gente deve avere un bel coraggio per affrontare una serata "trilingue"; guardando il microfono e la caraffa d'acqua sul tavolo l'uditorio si immagina, evidentemente, un oratore di professione. La presenza in prima fila di una serie di uomini dalla lunga barba, con grandi libri in arabo, non mi rassicura per niente. Mi pregano di prendere posto a fianco del vice-Prefetto che presiederà l'incontro insieme al re tradizionale di questa provincia, di cui so che è stato battezzato prima di diventare musulmano; ho giusto il tempo di sussurrare al mio compagno, un francescano africano, che ha più fiducia in me di quanta ne abbia io: "Norbert, prega per me!".

L'amministratore offre un'introduzione molto preparata, e la mia bre-

---

[38] La mia prima esperienza si situa nell'est del paese, lungo la frontiera con il Ghana; poi parlerò delle esperienze fatte all'ovest, in una regione a maggioranza animista.

ve conferenza dura un'ora, date le traduzioni nei dialetti *diula* e *agni*; difficile capire quali sentimenti agitano questa folla e i sapienti islamici. Facendo finta di essere a mio agio e nascondendo il tremore, mi verso un bicchiere d'acqua e bevo, mentre ascolto la prima domanda, di un cristiano: "Lei ha citato il Corano: cosa è il Corano per lei?". Tutto si gioca in questo minuto; mi lancio: "Per me, il mio libro sacro è la Bibbia. Il Corano è il libro sacro del mio fratello musulmano". Rimbombano gli applausi; nascondo un sospiro di sollievo. Nonostante la dignità e la misura che convengono a uomini di religione, vedo che la prima fila non si trattiene ...

Gli amabili provocatori non desistono: "Chi è Gesù per un cristiano? E chi è per un musulmano?". Molte volte, in seguito, in piccoli gruppi misti e preparati, mi sarei trovato a rispondere a questa domanda importante, che desidererei evitare; ma in questo momento sono ancora "novizio", e chi ha posto la domanda non sarebbe scontento di vedere il dibattito infiammarsi ... Nella mia conferenza avevo suggerito di condividere insieme, in tutta cortesia, le nostre ragioni di vivere e di credere; così me la cavo se non con onore, almeno con diplomazia: "Ci vorrebbe troppo tempo per poter rispondere a questa domanda; ma vi propongo di fare proprio questo tra gruppi di amici: approfittate della prossima occasione".

Prende allora la parola un musulmano, ma viene zittito in fretta dalle persone della prima fila. "Non ha detto nulla di buono", mi dice l'interprete; non ne saprò di più, anche perché dalla prima fila, proprio di fronte a me, si alza uno dei maestri: Fofana – questo è il suo nome – parla a lungo e con calma in *diula* e cita il Corano in arabo; mi sento il cuore angosciato sino a quando, non potendone più, mi chino verso il traduttore; questi riassume: "Sta ripetendo tutto quello che lei ha detto del Corano per dire ai musulmani che è vero; la sta ringraziando molto". Altri ancora approvano, e la serata si allunga. Quando un tipo strano desidera prendere la parola gli viene detto che non si è iscritto a tempo opportuno; una volta usciti, il tipo ci raggiunge e grida: "Non si può essere d'accordo con i musulmani: loro fanno solo finta di sapere". Rientriamo alla missione cercando di calmarlo.

Tra le numerose visite del giorno dopo, c'è quella al re tradizionale, che ringrazio per la sua presenza; anch'egli approva cordialmente tutto quanto è stato detto la sera precedente. C'è anche quella resa al maestro Ibrahim Fofana, felice di vedermi a casa sua; mi ripete la sua approvazione: "Non ho trovato nemmeno una sola frase da correggere!". Sono felice. È doveroso l'ingresso nella sua scuola: ci sono dai cento ai centoventi bambini, per la maggior parte femmine. La spiegazione è semplice: non frequentano la scuola "francese" che segue i programmi ufficiali "perché sono pigre, e allora insegniamo loro come si fa a pregare, come bisogna comportarsi con il marito e, alla fine della scuola, le si fa sposare". I bambini mi salutano in arabo: "Sia il benvenuto: qui lei è a casa sua; lei non è un europeo, ma un africano". Anche se la traduzione è esageratamente positiva, fa comunque del bene crederla esatta …

Considerare le possibilità

Arriviamo poi a Tankessé in piena riunione del consiglio parrocchiale; la gente sembra stupirsi quando la interrogo: i loro rapporti con gli altri credenti non esistono. I musulmani sono stranieri, almeno riguardo all'etnia, a parte una ex cristiana diventata seconda moglie, e di religione praticamente non si parla. Ad una domanda rispondo un po' a caso, perché sono venuto soprattutto con l'intenzione di ascoltare: "Al tempo del *ramadan* potete augurare loro un buon tempo di penitenza e di preghiera, un buon tempo per Dio. Se un musulmano vuol fare questioni perché siete cristiani, rispondetegli con calma: 'Fratello mio, esiste un solo Dio: noi siamo suoi figli e Lui non vuole che litighiamo'[39]".

Un poco oltre, a Kouassi-Datékro dove le suore di Nostra Signora degli Apostoli si occupano della parrocchia da quando non c'è più un sacerdote, alcuni piccoli episodi fanno salire la temperatura dei rapporti quotidiani. Brahima, giovane studente musulmano, annaffia i fiori nel giardino; con un orecchio ascolta la lezione di catechismo che si svolge in una sala vicina. All'uscita i bambini litigano intorno al pozzo; Brahima dice loro: "Cosa vi ha insegnato la suora?". Rispondono candidamente: "Amatevi gli uni gli altri". Allora Brahima si rivolge ad una suora accorsa per le grida: "Vedi: ti stanno ad ascoltare, ma non capiscono". L'ambiente sembra ottimo, come testimonia questa riflessione del catechista: "A volte, la sera, discuto con mio fratello, ma non per litigare. Lui mi racconta quel che c'è scritto nel Corano, e io gli dico quel che c'è nella Bibbia".

Il pluralismo spirituale a volte prende sfumature sorprendenti: suor André-Hubert mi passa un foglio su cui sono scritti i nomi dei figli di una stessa famiglia; il primo è cattolico, il secondo è harrista[40], il terzo

---

[39] Oggi non direi più: *figli*; i musulmani preferiscono la parola: *creature*.

[40] Movimento religioso creato da W. Harris, catechista metodista liberiano. Quasi come un Giovanni Battista, Harris permetteva ai suoi adepti di entrare nelle chiese che si installavano, ma molti mantennero le distanze, formando così un gruppo indipendente, pacifico, ma lontano dalla fede cristiana.

protestante, il quarto musulmano… Alla richiesta sui motivi di questa varietà, il figlio che frequentava il catechismo rispose: "Papà dice: così sono sicuro di andare in paradiso insieme a quello che è nella vera religione". Il giorno seguente, insieme alla suora e a fra Norbert, partiamo per il villaggio di Krakro; dopo aver salutato il catechista, uno dei pochi cristiani del villaggio, ci rechiamo presso la grande autorità locale, El Hajj Omar, segretario del partito[41]. Veniamo accolti calorosamente: chiedo il permesso di visitare la moschea; prima di tradurre il catechista mi sussurra: "No! I cristiani non possono…". Il permesso viene comunque accordato; Ali, fratello del segretario, riconosce in Norbert un *akié*, l'etnia con la quale esercita il commercio: gli affari devono andare bene perché lo vedo diventare ancor più sorridente… Prima di raggiungere la casa di Dio facciamo una sosta dal padre di El Hajj Omar e di El Hajj Ali: il vegliardo, ci assicurano senza esitazioni, ha superato i centoundici anni; comunque, racconta di ricordarsi di aver combattuto Samory[42]. Un secolo di storia ci sta di fronte. Il maestro della scuola coranica ci raggiunge sulla soglia della moschea; tolgo i sandali, anche se sembra non sia necessario. Norbert sente, in dialetto *diula*, commenti ammirati per *l'esperto venuto dalla capitale*: "Si capisce che è abituato!". Il *karamoko*[43] ci fa gli onori di casa e intanto gli faccio qualche domanda: "Quante sono le *El Hajja* nel vostro villaggio?" (le donne che hanno fatto il pellegrinaggio: è un segno di islamizzazione avanzata). "Quattro", mi risponde. "Quanti El Hajj?". "Venti".

Omar, il figlio del centenario, dice di essere stato quattro volte alla Mecca; un altro due. Il maestro Seydou Konaté continua la conversazione: ha studiato a Bobo-Dioulasso[44], poi è stato cinque anni al Cairo. Entriamo adesso nella sua scuola: un centinaio di ragazzi mostrano tutti i loro denti in un sorriso aperto. Che sorpresa vedere tutti quegli alunni alzarsi e cantare "Salam aleikum", invocando la pace sui visitatori. È d'obbligo un breve discorso che li incoraggi a imparare con diligenza, continuando ad essere amici dei cristiani, a immagine di quanto succede qui oggi, in cui stiamo insieme sotto lo sguardo di Allah. Poi i nostri ospiti ci chiedono di entrare

---

[41] Il PDCI, partito democratico della Costa d'Avorio, del presidente Houphouet, era il partito unico.

[42] Samory Touré si era costruito un impero nel Sudan occidentale, entrando in conflitto con i francesi. Rifugiatosi in Costa d'Avorio, distrusse la città di Kong nell'epoca in cui il nostro vegliardo, allora bambino, lo incontrò. Samory venne catturato dopo anni di combattimenti dai militari e deportato in Gabon nel 1898.

[43] Il maestro di scuola coranica, in dialetto *diula*.

[44] In Alto Volta, in seguito Burkina-Faso.

in una casa lì vicino; subito, tutti scoppiano a ridere. Norbert mi traduce la frase che ha provocato l'ilarità: "Quando si fanno sedere i bianchi, bisogna dargli da bere!". Il proprietario ha capito: attorno a qualche bibita si chiacchiera. Rimango in attesa delle formule tradizionali di saluto, ma forse sono l'unico a ignorare quel che sta succedendo. Non ci lasciano partire sino a quando non arriva un regalo inatteso: un grazioso agnello.

Lasciamo infine Krakro con l'agnello *islamico*, che affideremo alle suore, felici perché abitano ben distanti da una macelleria.

Lasciarsi riconciliare

Nel villaggio di Tanda mi parlano di un sessantenne che è andato nei suoi campi: è stato catecumeno, prima di scegliere l'islam, ed è una persona influente nel suo ambiente, perché è molto retto. Curiosamente, fa celebrare messe per il buon rapporto tra musulmani e cristiani o per la fedeltà dei sacerdoti.

In un altro luogo mi raccontano la questione risolta un mese prima: i musulmani avevano ottenuto un terreno per costruirvi una moschea, ma, visto che le cose non si risolvevano, si credeva che l'idea fosse stata abbandonata; proprio di fronte i cristiani avevano allora costruito una chiesa. Recentemente la comunità islamica ha ripreso in mano il progetto. Il capo del villaggio, allora, ha riunito le parti in causa; un giovane pagano riassume la situazione e offre la soluzione: "Quando i cristiani pregano, parlano forte, e quando i musulmani pregano, parlano forte. Così si daranno fastidio, e siccome i musulmani quando vanno alla moschea portano il loro machete, ci saranno litigi e sangue. I cristiani hanno costruito la loro chiesa: non si può chieder loro di distruggerla. I musulmani avevano preso il terreno prima. Allora: i musulmani vadano a costruire la moschea altrove, e i cristiani li rimborsino". Così fu deciso: il luogo di culto venne costruito dall'altra parte del villaggio, e i rapporti rimasero buoni.

Un'altra volta avevo sentito, in una missione più a nord, alcune parole di un sacerdote non proprio conciliare ... Arrivato nella cittadina, andai da M. Ouattara, consigliere per l'educazione; alcuni appunti presi seduta stante fanno capire come fosse impossibile rimanere scoraggiati a lungo.

"Oasi di dialogo in un deserto di relazioni. Una mezz'ora stupenda con quest'uomo di contatto ... In una situazione realmente difficile, parla meglio di uno specialista sull'atteggiamento da tenere con i musulmani. Mi dice: ero direttore in una scuola cattolica ed ero al servizio di tutti ... Mio suocero ha accettato che io sposassi sua figlia. Mio suocero è un marabù: mi considera come il suo primo figlio; al venerdì recita il suo rosario per me. Mia moglie è appena passata un minuto da lui. È diventata cristiana, ci siamo sposati, e lui non la costringe a *fare salam*[45] quando va da lui. Mi affidano molti bambini musulmani: non voglio che vengano con me in chiesa; dico loro: Non voglio che si dica che vi ho costretti. Quando avrete 20 anni, se diventerete cristiani, mi rallegrerò, ma non adesso che siete a casa mia. Quando accolgo dei fratelli musulmani dico loro: Non preoccupatevi per la carne, i polli e gli agnelli sono tutti macellati da musulmani. Sanno bene che sono cristiano; la domenica vado a piedi in chiesa e dico a loro: "Vado alla mia moschea". Se un musulmano vuol far polemica, cerco di fargli capire con calma che non bisogna.

Discernere e sradicare i pregiudizi

Non basta incontrarsi, occorre anche essere disposti a vedere i propri difetti. Un giorno, dopo aver commentato la parabola del buon samaritano e spiegato bene che il samaritano era di un'etnia e di una religione disprezzate, chiesi: "Se Gesù tornasse qua, in questo momento, che persona indicherebbe a noi?". Per giustificare l'audacia della mia domanda, precisai che in Francia Gesù avrebbe scelto l'arabo che spazzava le strade. Un vecchio catechista trovò il coraggio di dire ciò che tutti pensavano: " Qui, Gesù sceglierebbe un *Mossi* musulmano[46]". Seguì un lungo silenzio: il Vecchio aveva detto la verità, e tutti riportarono il commento nei loro villaggi.

A questi operatori della catechesi ho avuto più volte il privilegio di descrivere rispettosamente le somiglianze e le differenze tra l'islam e il cristianesimo; partendo da personaggi come Abramo, Mosé, Davide e Gesù, presenti nel Corano e nella Bibbia, spiegavo in che senso le nostre religioni non erano *uguali*, e come dovevano mostrarsi fermi nel loro insegnamento, pur senza aggressività. A partire dal tema *il disegno di Dio sugli uomini* mostravo quella che mi sembrava la logica propria ad ogni religione; nello stesso contesto, presentavo la possibilità di convivere senza timore di dover tradire la nostra fede; sottolineavo, poi, la necessità evangelica di ammirare i valori affidati ai nostri fratelli e sorelle dell'islam dall'unico Dio, anche se noi non lo guardiamo con gli stessi occhiali … Ammirevoli

---

[45] In molti paesi dell'Africa occidentale *fare salam* significa compiere la preghiera musulmana rituale.
[46] I *Mossi* sono originari del Burkina Faso.

uomini di fede e di servizio alla Chiesa, i catechisti erano in grado di leggere il Vangelo all'interno della loro vita: ho imparato molto da loro.

Sradicare i pregiudizi non è cosa semplice: non tutti i credenti avevano la stessa capacità di mettersi in questione. Per alcuni, il primo passo consiste nel fermarsi se la risposta si fa aspettare; questa logica incontrovertibile non è evangelica. Per Gesù i primi passi sono come il mare che sempre ricomincia con le sue onde; il centesimo passo è ancora il primo!

A Séguéla, nel nord-est, alcuni studenti avrebbero dovuto vivere per alcuni anni in una regione fortemente islamizzata; una decina di cattolici provenienti dal sud mi spiegavano i loro buonissimi rapporti con i colleghi musulmani: non erano là fuori ad aspettare la fine della nostra riunione per andare insieme al campo di calcio? Chiacchierando, vennero fuori alcune leggende, come quella dell'obbligo per i credenti dell'islam di sgozzare i moribondi delle loro famiglie per permettere loro di entrare in paradiso; con raccapriccio, mi rendevo conto che erano convinti fossero storie vere. Pensai di risolvere il problema interrogando, di fronte a loro, i loro compagni musulmani che arrivavano con le scarpette chiodate. Raccolsi tutto il mio coraggio e chiesi a questi ultimi se le loro usanze prevedevano quel rito funebre; stupefatti, risposero che non avevano mai visto nulla di simile: non ne avevano nemmeno mai sentito parlare. Per non drammatizzare, evitai di dire che i loro compagni l'avevano creduto sino ad allora. Così, convinto di aver contribuito allo smascheramento di una calunnia, un poco più tardi dissi ai giovani cristiani: "Allora, avete visto che non era vero"; ma essi mi prendevano per un ingenuo: "È un segreto, per loro: non possono parlarne!". Per uscire dalla prigione dei *si dice* e di una educazione pensata in opposizione agli altri, avrebbero avuto bisogno di vivere per tanto tempo insieme ad amici musulmani …

E tuttavia, a Séguéla i buoni rapporti erano comuni, come testimonia la storia che segue.

Capo: quello è forte!

Il *karamoko* ci aveva accolti nella sua scuola coranica, durante una prima visita; un accompagnatore ci aveva tradotto il discorso del maestro che non conosceva una parola di francese: la lingua sarebbe stata necessaria per il futuro dei bambini, e lui sarebbe stato grato se il Padre avesse potuto procurare dei libri e assicurare delle lezioni. Emile Metral era un uomo pratico: aveva subito pensato un piano. Sarebbe andato a parlare con il direttore della prigione, per ottenere qualcuno che sapesse la lingua tra i carcerati; poi li avrebbe seguiti e si sarebbe occupato dei libri di testo.

Tre anni dopo ritornai con lo stesso sacerdote e una religiosa; quest'ultima, arrivata in Africa a cinquantaquattro anni, aveva saputo conquistare le studentesse e gli studenti di Daloa: tutti la chiamavano con affetto *nonna*. Anche quel giorno ottenne un successo strepitoso: i bambini erano contenti di mostrare il loro sapere rispondendo alle sue domande, e il *karamoko* era felice dei risultati: sapeva di chi era il merito. Probabilmente anche lui aveva ascoltato qualche lezione di nascosto, dietro la porta: così riuscì a rivolgermi questo elogio commosso del responsabile della missione cattolica: "Capo, quello è forte! Quanto ha fatto per noi ... Dio è grande!". È il miglior commento che io conosca al detto evangelico: "Risplenda la vostra luce davanti agli uomini, perché vedano le vostre opere buone e rendano gloria al Padre vostro che è nei cieli" (Mt 5,16).

La speranza realistica

La tenacia è certamente indispensabile, ma anche la lucidità contribuisce al realismo sulle strade degli uomini. Nella speranza che gli integralisti o i politici miopi di qualunque parte non ci trascinino in una guerra chiamata "santa", gli uomini di buona volontà si renderanno conto – tra venti, cinquanta o cent'anni – che il dialogo sarà stata una sorgente sotterranea prima di sgorgare in piena luce nelle nostre comunità. Sotto tutti i cieli è già possibile vederne i primi frutti.

Non posso dimenticare una visita fatta insieme a fra Jean-François alla vecchia prigione di Abidjan, situata sul fianco di una collina. Varcata la porta d'accesso, era una discesa all'inferno. A ogni passo, dalle rosse porte di ferro, sentivamo delle grida: "François, vieni qua! Frate, vieni!". Quanti avevano le chiavi, ad ogni momento ci saltavano addosso chiedendoci biancheria, sapone, soldi o presentando richieste da far arrivare al giudice, all'avvocato o alla famiglia. Il frate chiese che gli fosse aperta una porta: nel cortile risaltava un prigioniero vestito con un caffettano bianco, in mezzo agli altri coperti di stracci; era un *imam*. Quanti gli stavano intorno erano orgogliosi della dignità di quell'abbigliamento, perché era un giorno di festa per i musulmani. Jean-François mi mise nei guai mettendosi a gridare: "Questo sacerdote è il prete dei musulmani: fate silenzio, adesso pregherà insieme all'*imam*". Scese il silenzio e io pregai con non so quali parole che

mi superavano. Fu uno di quei momenti in cui le frontiere vengono elimi-
nate e il cielo scende sulla terra[47].

Quest'altra scena si è svolta a Port-Bouet nel 1973. Da due anni, una
volta alla settimana, i bambini musulmani della scuola parrocchiale venivano nel mio ufficio; sino ad allora erano stati obbligati a seguire le lezioni
di catechismo. Liberandoli dall'obbligo, avevo detto agli insegnanti: "Po-
trete andare più in profondità nella catechesi con gli altri, e insieme rispet-
teremo questi credenti secondo quanto ci chiede il Concilio". Il *Corso di
formazione religiosa*[48] per le scuole cattoliche del Senegal ci serviva come
filo conduttore. L'ultimo capitolo affrontava il tema della coesistenza tra
cristiani e musulmani; per adattare la riflessione alla mentalità di quei ragazzi e di quelle ragazze della *bidonville* iniziai chiedendo: "Secondo voi,
i cristiani andranno in paradiso o all'inferno?". L'impegnativa questione
teologica provocò un lungo silenzio. All'improvviso un ragazzino si buttò:
"Mio zio ha detto che andranno all'inferno". "Tutti?". "Sì, tutti" rispose. Al-
zando pacificamente lo sguardo sul mio areopago, chiesi agli altri aspiranti
teologi: "E da voi cosa si dice?". "Mio papà dice che andranno all'inferno",
disse timidamente una vocina femminile. "E i tuoi, Moussa? I tuoi, Ma-
rianna? Cosa dicono?" continuai, con un tono assolutamente neutro. La
risposta era identica, per quelli che risposero; altri mantennero un silenzio
che somigliava più a quello dei diplomatici, che a quello di ignoranti in
materie religiose. Allora, senza mostrare i sentimenti che provocava in me
la prospettiva delle fiamme eterne, buttai lì: "Voi sapete che sono cristiano;
allora anch'io devo andare all'inferno?". Rispose un grido unanime: "No,
tu no!". L'avevo scampata bella …

In questo modo certe posizioni diffuse nella massa dei fedeli della
Umma, come la certezza della dannazione per i non musulmani, potevano
essere riviste a partire dai nostri incontri.

Anche da parte cristiana i piccoli di questo mondo aiutavano a vivere
nella speranza. Le mentalità cambiano più velocemente nelle *bidonville*,
in cui vivono poveri ricchi d'amore. Sapikro era un piccolo villaggio clan-
destino costruito con il sostegno economico di alcuni amici, con la finta
ignoranza dell'arcivescovo che assicurava un notevole appoggio morale e
forse il silenzio rispettoso di alcuni impresari edili; ne ho parlato nel terzo

---

[47]   Fra Jean-François Feutren è morto a Rennes il 16 aprile del 2002, dopo diciannove anni
trascorsi su un letto d'ospedale offrendo il suo calvario per i detenuti africani. Dal solco della sua
attività è nato il movimento *Prisonniers sans frontières*.

[48]   Autori il P. Luc Moreau, domenicano, e il sacerdote J. Lefèvre.

capitolo, a proposito dell'*imam* Abdulaye. La coabitazione interreligiosa era stata voluta e pensata: ogni comunità aveva il suo angolo per la preghiera e le feste degli uni erano condivise dagli altri, forse più che altrove. Per la fine del *ramadan* avevo visitato le famiglie musulmane, ma i cristiani avevano insistito perché tornassi la domenica seguente: Simone il catechista avrebbe fatto festa per il suo onomastico insieme ad un amico che aveva lo stesso nome proveniente da un altro quartiere. Fu l'occasione che mi diede la possibilità di ascoltare questo discorso: "Da molto tempo desideravo porgere i miei auguri al mio onorevole omonimo, ma ogni volta la congiuntura si mostrava piuttosto sfavorevole alla realizzazione di un disegno talmente bello. Di comune accordo, abbiamo deciso di onorare insieme la memoria del nostro santo patrono. Era, si ricorda, il 28 ottobre. Come alcuni sanno, quel giorno era anche quello della fine del *ramadan*. Dato che il mio vicinato è composto principalmente di ferventi adoratori di Allah e che questi ci tenevano – sia detto *en passant*, per stringere ancora di più i legami che ci uniscono – a testimoniarmi la loro fraternità, ho ritenuto fosse cosa non buona abbandonare il quartiere con tutta la mia discendenza, semplicemente per evitare ogni equivoco; perché altrimenti avrebbero pensato – e, cosa ancor più grave, avrebbero avuto ragione di pensarlo – che io non amassi la loro compagnia. Tutto questo ha ostacolato il nostro desiderio. Viva S. Simone, viva gli invitati qui presenti e viva la fraternità che ci unisce!".

Ascoltando queste parole davanti ai musulmani e ai cristiani con un bicchiere di birra in mano, mi sembrava di bere del nettare degli dei ...

Vai! Io benedico il tuo cammino

Nell'ottobre del 1982 i superiori francescani invitarono ad Assisi quindici frati provenienti dai diversi continenti per riflettere insieme sulle modalità di approccio con i musulmani. Non avevo ben capito il motivo dell'invito, visto che non mi ritenevo per nulla un esperto; ma a quanto pare ero l'unico, nell'Africa nera, ad occuparsi del problema. Bisognava essere africano: lo diventai!

La mia sorpresa crebbe ancora quando, alla fine del congresso, mi spinsero ad accettare il compito di far nascere una commissione francescana internazionale per le relazioni fraterne con i musulmani. Tornai in Costa d'Avorio senza rendermi ben conto di quale impegno tutto questo avrebbe comportato. L'anno successivo, Roma mi suggerì di riprendere il mio bastone da pellegrino: sembrava utile condividere la vita dei frati nei paesi islamici in cui erano presenti.

Una benedizione biblica

Per molti anni, quindi, fui costretto a viaggiare per quattro-sei mesi all'anno in Africa orientale, nel medio Oriente o in Asia; ad Abidjan non potevo più assicurare un lavoro a tempo pieno. Senza saper con certezza se sarebbe stato definitivo, questo comportava la necessità di lasciare molti amici cristiani e musulmani, e soprattutto *baba*. Quando venne a sapere la notizia, mi disse queste parole che mi sono risuonate dentro per tanto tempo: "Avrei voluto che tu mi rimanessi vicino sino alla mia morte, ma poiché ti viene chiesto di portare nel mondo la nostra parola di riconciliazione, vai: io benedico il tuo cammino". Era una benedizione degna della Bibbia, nel momento in cui l'itineranza nelle terre d'islam diventava sempre più la mia strada di uomo. Eravamo all'inizio del 1987.

Quando un missionario torna al suo paese, i parrocchiani della missione organizzano un banchetto; per *Yaya* fu diverso! Come si addiceva ad un patriarca, il Vecchio voleva organizzare qualcosa nel suo cortile, ma ben presto mi chiese di scusarlo: Tijane Bâ, che era stato ad Assisi qualche mese prima per lo storico incontro interreligioso del 27 ottobre 1986, era andato a trovarlo a nome dei musulmani del nostro gruppo: "*Yaya* è tuo figlio, ma è anche fratello nostro. Insieme a te, abbiamo intenzione di organizzare noi la serata d'addio".

Un pasto al piano superiore della moschea

Che stupore per tutti il ricevimento offerto sopra la sala di preghiera di una moschea di Cocody, di fronte ad un *cameraman* della televisione! In quel locale, in cui si assiepavano una trentina di persone per augurarmi buon cammino, risposi così al discorso, purtroppo perduto, di Tijane Bâ: "Nel gennaio del 1984 mi trovavo nelle Filippine e mi venne richiesto un articolo per i francescani dell'Asia; raccontai gli incontri del nostro gruppo e l'avventura spirituale vissuta con *baba*: scrissi che senza negare nulla delle nostre differenze dogmatiche stiamo camminando insieme e ci aiutiamo ad avvicinarci a Dio. Aggiunsi anche che quando sarebbe venuto il momento di lasciare la Costa d'Avorio, *baba* sarebbe stato in prima fila tra coloro che mi sarebbe costato molto lasciare. Non mi rendo ancora conto di doverlo ora lasciare: anche quando siamo molto lontani sentiamo forte la presenza dell'uno all'altro. Già nel mio libro *Dio è cortesia* avevo riassunto questa avventura spirituale dedicando il libro a "El Hajj Sakho Boubacar, insieme a cui cammino verso l'unico Dio, da parte di suo figlio *Yaya*, frate minore e sacerdote". Se riesco a partire senza dispiacere, o almeno senza particolare dolore, è perché rimango unito a voi nella fede in Dio che è unico e amore, rimango unito a voi nella preghiera, rimango unito a voi nel lavoro. Proprio a motivo non di speciali competenze teologiche, ma dell'esperienza vissuta insieme a voi hanno pensato che avrei potuto essere utile e comunicare anche ad altri la convinzione che non è l'ora della chiusura timorosa delle comunità su loro stesse, ma di un pluralismo ben compreso. Parto in qualche modo come vostro rappresentante; non mi sento un vagabondo, ma, come figlio spirituale di *baba*, sono un *peul*, un *peul* spirituale. I *peuls*, lo sapete, non hanno patria, hanno pascoli: io non spingo avanti delle pecore, ma spingo degli aerei … E soprattutto vorrei spingere cristiani e musulmani ad essere insieme nomadi sotto l'unica tenda di Dio che è la nostra terra, nell'attesa di ritrovarci insieme nella terra della resurrezione, la terra dei viventi, vicini a Dio".

Quella sera mi resi conto che il seme affidato alla terra al momento della morte di Jean-Paul a Port-Bouet aveva germogliato.

Il più bel regalo della mia vita

A quel tempo ero occupato dall'idea di far rilasciare uno straniero che era appena stato condannato a vent'anni di reclusione per l'omicidio del mio parroco. Dopo il processo ero stato alla centrale, dove era rimasto per 16 anni in detenzione preventiva; gli altri prigionieri ci avevano lasciati soli in una cella, facilitando il nostro colloquio, quasi come si trattasse di Giovanni Paolo II che veniva a perdonare Ali Agca! Ma io, come anche loro, ero convinto dell'innocenza dell'accusato; Mamadou mi raccontò delle sue fatiche: non essendo ancora stato giudicato non aveva potuto ottenere uno sconto di pena, né usufruire dell'amnistia decretata in occasione della visita del Papa. Gli chiesi se aveva bisogno di qualcosa: "Una coperta, perché la notte fa freddo, e un Corano" mi disse.

La sentenza certamente salvava la faccia della giustizia e poteva avviare la pratica per la libertà condizionale, ma la cosa avrebbe potuto essere lunga, mentre io desideravo fare di tutto per una liberazione immediata. Il condannato era musulmano: il nome lo rivelava; non gli dissi niente di questa lettera che spedii al "Padre della nazione", timoroso di fallire…

"Signor Presidente,

poiché devo lasciare la Costa d'Avorio il prossimo 8 febbraio… oso presentare domanda di grazia per un uomo condannato il 21.12.1986 a vent'anni di prigione e altri venti di interdizione di soggiorno con l'accusa di omicidio del mio confratello francescano Jean-Paul Moisdon. Il 22 ottobre del 1970 avevo appena lasciato il mio confratello per animare il primo incontro del gruppo islamocristiano; il mio fratello veniva assassinato mentre davamo inizio a quel lavoro che doveva portare, tra le altre cose, alla designazione di un cittadino della Costa d'Avorio come delegato per la giornata di preghiera interreligiosa del 27 ottobre 1986 ad Assisi. Il 29 ottobre 1970 in occasione della messa nell'ottava della morte, a Port-Bouet, sopra l'altare avevamo posizionato un grande striscione: "Dove è odio ch'io porti l'amore". Per tutto il tempo in cui ho vissuto nel vostro paese, che è diventato anche il mio, mi sono sentito assolutamente in comunione con il vostro impegno, sempre rinnovato, per il dialogo. Ho dedicato la maggior parte del mio ministero in Costa d'Avorio al ravvicinamento dei credenti cristiani e musulmani. Per questo domando con fiducia alla sua proverbiale generosità, Signor Presidente, la grazia per Ilboudo Mamadou, arrestato nel 1971 e in prigione ormai da sedici anni. Sarebbe la prova migliore che i nostri sforzi per una fraternità interreligiosa non sono stati inutili".

Più tardi, in Francia, durante il mese di marzo, ricevetti dal ministero della giustizia della Costa d'Avorio, la comunicazione dell'avvenuta liberazione di Mamadou: è stato il più bel regalo della mia vita!

SULLE STRADE DEL MONDO (1): francescani in terre d'islam

Tra il 1983 e il 1993 fui incaricato di favorire il collegamento tra i francescani che vivevano tra i musulmani e di riflettere, insieme a loro, su questa dimensione della nostra chiamata; ho sviluppato un'ammirazione infinita per questi testimoni, il più delle volte silenziosi, dell'opera di Dio tra le genti. Questo capitolo e il seguente vorrebbero cercare di condividere questa esperienza e la speranza che hanno segnato la mia vita.

Con queste pagine vorrei anche motivare il titolo di questo libro: Itinerari spirituali in *terre* d'islam, al plurale! Ritengo infatti che sarebbe un errore giudicare una religione sulla base di un'unica cultura, soprattutto nel caso in cui le relazioni con quella religione siano state spesso conflittuali; come le chiese di Asia o d'Africa non sono semplicemente una copia conforme di quella europea, così anche l'*Umma* mostra volti differenti dell'identica fede. Si noterà che raramente parlo dell'Iran, dei paesi del Golfo o dell'ex impero sovietico, poiché non ho esperienza diretta di quelle regioni.

Ma prima di citare le diverse culture, vorrei fare un'annotazione generale; il mio vagabondare per il mondo, infatti, mi ha insegnato un altro punto di capitale importanza: esistono i trattati di teologia ed esiste la vita. Il culto dei santi, per fare un esempio, non è riconosciuto come una dottrina islamica, ma in tutte le terre della grande casa dell'islam ho potuto ammirare la devozione del popolo che si riuniva attorno ai mausolei.

Flash sul Maghreb

La conoscenza del Marocco, cui seguì ben presto quella dell'Algeria e della Tunisia, fu un'immersione nel mondo arabo, l'ambiente culturale del Profeta, e la scoperta di un islam diverso dal "mio". Fu soprattutto una lezione di dialogo ricevuta da cristiani che vivevano al cuore dell'islam; attraverso la loro vita donata e le loro relazioni, quegli uomini e quelle donne mi hanno insegnato la strada.

In Marocco diedi inizio ai miei contatti con *gli* islam, senza ancora immaginare il plurale. Attorno ad un *cuscus*, in casa di una famiglia di Maknes, un frate anziano mi presentò alla padrona di casa dicendo che venivo dal Senegal; mentre cercavo di correggerlo discretamente, mi disse sottovoce: "Non sanno dove sia la Costa d'Avorio; per la gente del popolo il Senegal è sinonimo di tutta l'Africa nera …". Il frate si trovava in Marocco da molti anni: in quella famiglia musulmana era ritenuto il nonno, custode della memoria; in quel paese dove le conversioni ad una religione diversa sono "illegali", tanti componenti della Chiesa hanno trovato il loro ruolo di "ospiti" in più di sette secoli …

Invitato da un amico in una fraternità di Lyon, all'epoca dell'indipendenza, Ben Berka, commosso, disse più o meno: "Frati, non lasciate il Marocco! Continuate a fare quello che avete sempre fatto sino al giorno in cui non vi chiederanno più *perché* fate così, ma *in nome di* chi lo fate".

Nel continente indiano

Quando iniziò il tramonto della prestigiosa civiltà araba, verso la fine del nostro medioevo, l'islam indiano ne ereditò lo splendore; i santuari, come anche le tombe di famiglie o di generali, stanno a testimoniare l'intensa vita spirituale, oltre che la raffinata cultura.

A Fathepur-Sikri, la capitale edificata da Akbar (1542-1605), è possibile raccogliersi in preghiera nel mausoleo del santo che, con la sua intercessione, aveva ottenuto all'imperatore la grazia di un figlio; tra questo mausoleo-santuario e l'ampio palazzo in cui risiedeva, il Gran Mogol costruì un curioso edificio chiamato da alcuni "Casa del dialogo". Al piano terra è tutto vuoto, eccetto al centro, dove un'enorme colonna scolpita sostiene la camera superiore; al suo interno le sedie sono sparite, ma dei piccoli muri in ogni angolo delimitano il luogo dei protagonisti, mentre al centro si può indovinare il posto dell'imperatore che svolgeva il ruolo di mediatore. I suoi sudditi erano in maggioranza indù, ma erano presenti anche giainisti, cristiani e musulmani, come lui stesso; nel tentativo di giungere senza violenza all'unità delle teologie degli uni e degli altri, l'imperatore organizzò più di una volta un colloquio tra i rappresentanti delle quattro religioni. I responsabili religiosi[49], però, non potevano accettare il

---

[49] Il cristianesimo era rappresentato dal gesuita Geronimo Xavier, forse della stessa famiglia di san Francesco Saverio.

sincretismo proposto senza tradire la propria coscienza: fu uno scacco per Akbar, ma è da notare con sollievo che la discussione si svolse in pace.

Il vertice dell'architettura è certamente Agra, dove Shajehan (1592-1666) stabilì la sua capitale. Era talmente afflitto per la moglie Taj, morta alla nascita del loro quattordicesimo figlio, da costruire un monumento comparabile al proprio amore: non ho mai visto nulla di più bello del Taj Mahal.

L'islam malese

Dalla Malesia al sud delle Filippine attraversando l'Indonesia, l'islam di cultura malese forma una grande mezzaluna nell'Asia del sud est.

Nelle Filippine, i musulmani non sono mai stati in buoni rapporti con il governo centrale, spagnolo, americano o filippino che fosse. La guerriglia è una piaga ormai annosa. I francescani, nel 1984, sono andati ad abitare nel grande villaggio di Balo-i, a Mindanao, per vivere secondo gli insegnamenti di san Francesco e le prospettive del Concilio; otto anni dopo la loro cappella era stata data alle fiamme e nella mia stanza potevo vedere tracce di colpi di mitra. Al piano superiore una pallottola era passata all'altezza del letto: il frate che vi abitava si era salvato fortunosamente perché era in viaggio. Gli incendiari appartenevano a bande di passaggio: il sindaco locale organizzò una colletta tra la gente per ricostruire la chiesa, supplicando i frati di non lasciare quel luogo nel quale erano amati.

Non lontano da lì, sull'isola di Basilan, avevo appena celebrato la festa di Natale insieme ad altri frati e alle sorelle clarisse. La Fraternità e il Monastero si trovavano nella *no man's land* tra i ribelli e l'esercito regolare; per tutta la giornata, nel cortile della scuola coranica, trecento persone, cristiane e musulmane, avevano condiviso con gioia il pasto preparato, dopo la messa di mezzanotte, dalle monache e dai giovani candidati alla vita francescana, continuando poi a cantare, danzare e giocare. Avevo espresso il dispiacere di non aver potuto ascoltare gli strumenti musicali tipici dei musulmani: il giovane maestro della scuola coranica mi aveva spiegato che erano oggetti troppo scomodi da trasportare; la sera, nel loro campo, i suoi avrebbero continuato a festeggiare la nascita del profeta, io ero invitato ad unirmi a loro. Uthu e i suoi compagni vennero a cercarmi intorno alle 19, ma nel frattempo la tregua che durava da due giorni era stata interrotta: il responsabile dei Frati chiese ai giovani di riportarmi indietro entro un'ora. Il *flash* della mia macchina fotografica sembrava incoraggiare tutti: uomini e donne si stavano scatenando sui loro strumenti tradizionali. A un certo punto mi fermai e guardai l'orologio; Uthu, pensando che avessi paura, si affrettò a rassicurarmi: tutti quelli che mi stavano intorno sollevarono i loro lunghi abiti che nascondevano dei pugnali ... Tutti erano pronti a difendere tenacemente il loro ospite, anche di fronte ai guerriglieri armati di mitra!

Mezz'ora dopo, attraversati cinquecento metri in un buio pesto, che non eliminava una certa apprensione, ma almeno aiutava a nasconderla, il gruppo mi lasciò alla mia Fraternità. Stando a letto, nel silenzio, intesi i colpi d'arma da fuoco che venivano dalle colline vicine.

L'Indonesia, al centro della mezzaluna, è il maggior paese musulmano al mondo, con i suoi duecento milioni di fedeli. Ero stato invitato ad affrettare il mio arrivo per poter partecipare ad un viaggio stupefacente: ogni anno, il governo finanziava una settimana comunitaria per i *leaders* di ciascuna delle religioni riconosciute; oltre all'islam, molto meno diffuse: il buddismo, l'induismo e il cristianesimo, protestante e cattolico, raggiungono una ventina di milioni di persone. La Costituzione dello stato è basata sull'unità nazionale e il pluralismo religioso; per parlare della fede in generale, senza dar l'impressione di privilegiare l'islam, nella carta costituzionale, la *Pancacilla*, Allah è nominato *Tuhan*, il vocabolo che indicava la divinità prima dell'arrivo delle grandi religioni universali. Questo rispetto delle minoranze appare in modo ancor più sorprendente se si tiene conto che la stessa liturgia cattolica ha scelto, per inculturarsi, lo stesso vocabolario religioso formato da parole arabe, iniziando da quella che designa Dio. Non è scontato sapere che l'apostolo Paolo, considerato nell'islam come il corruttore del cristianesimo, nella traduzione del Nuovo Testamento è chiamato *Rasul*, come i grandi profeti del Corano, che le sue epistole sono chiamate *sure* e i versetti *aya*[50]. E che sorpresa quando, durante l'ordinazione sacerdotale di due frati, mi sono accorto che il vocabolo sacerdote si traduce con *imam*.

Qualche giorno dopo, davanti all'ingresso del Seminario minore di Bogor, vedo un mucchio di scarpe: significa che i ragazzi sono dentro; il celebrante è aiutato da chierichetti con una veste rossa che, come tutti, stanno a piedi nudi.

La sensazione di essere in una nuova realtà mi aveva accompagnato durante il viaggio con i capi religiosi che ci aveva portato nei centri di formazione delle diverse religioni. L'accoglienza da parte di un gruppo

---

[50] Nel Corano i capitoli si chiamano *sure* e i versetti *aya*.

di *majorettes* ricevuta in un collegio superiore all'ingresso del quale stava scritto *Islamic center* faceva capire che eravamo lontani dall'Arabia Saudita. Le chiacchiere scambiate con i compagni di viaggio facevano emergere un tranquillo senso di libertà rispetto alla cultura del Medio Oriente; un vice rettore dell'Università mi spiegava che occorreva distinguere nel Corano tra la Parola di Dio e i costumi arabi: eresia o segnali di primavera? Ai musulmani la risposta.

I giornalisti occidentali hanno scritto molto quando il generale Suharto, per mantenersi al potere, lasciò che si scatenasse una minoranza islamica; ma quando in un paese tutto va bene i *media* sono altrove. Così è successo in Indonesia, prima e dopo quegli eventi: chi ha raccontato nel 2002 che il vescovo delle Molucche, il responsabile protestante e il *leader* musulmano erano venuti insieme per far conoscere alle autorità europee come avevano convissuto in pace, prima e dopo la caduta di Suharto? Eravamo forse una ventina ad ascoltarli, nei locali della Commissione Giustizia e Pace della Conferenza episcopale francese…

Ci sono state ancora battaglie, in quel vasto paese, ma diversamente rispetto a quanto accaduto a Timor e nelle Molucche, in questo caso i contendenti sono musulmani: non si può parlare di conflitto interreligioso; e siccome non c'è *scoop*, la stampa importante non ne parla, e si continua a pensare che l'Indonesia non può essere un paese tollerante, perché è musulmano…

L'islam del Medio Oriente

La situazione, purtroppo, è differente nella maggior parte dei paesi arabi. Se l'incarico di responsabile della Commissione dell'Ordine per l'islam mi apriva delle porte, comportava però anche la chiusura del cuore di alcuni fratelli; sicuramente perché i sostenitori del dialogo sono spesso considerati, a torto o a ragione, come dei "sapientoni" che vogliono dare lezioni a tutti. Cinque settimane in Terra Santa costituirono un pellegrinaggio esaltante, ma talvolta logorante: si diventa umili di fronte a quanti e quante soffrono in quelle regioni, e si rimane ammirati di fronte a reazioni come quelle che racconto di seguito. A Gerusalemme si erano trovati insieme alcuni frati per riflettere sulla situazione: era appena iniziata la prima Intifada, nessuno immaginava che sarebbe arrivato Rabin e, tantomeno, Sharon; l'esodo dei cristiani costituiva un problema serio per la Chiesa, e la minoranza cristiana non era così tranquilla sul futuro delle relazioni con i musulmani; le riflessioni che ascoltavo con tristezza e comprensione non erano delle più pacifiche … I frati sembravano preoccuparsi di liberarmi da una ingenuità che doveva loro apparire troppo forte. Man mano che si avvicinava il suo turno, mi preoccupavo in modo crescente di che cosa avrebbe detto un giovane frate arabo seduto di fronte a me: poco tempo prima il padre e il fratello erano stati uccisi nella guerra in Libano. Aprì la bocca, in mezzo ai suoi confratelli più avanti di lui negli anni, solo per dire questa frase memorabile: "Fratelli miei, quando si vuole parlare dei musulmani, bisogna dire anzitutto quello che di buono c'è tra loro". E raccontava che una maestra islamica lo aveva cresciuto con la sua bontà. Che esempio di perdono per tutti noi!

Di ritorno da quel lungo viaggio che mi aveva portato da Istanbul a Gerusalemme passando per la Siria, la Giordania, la Palestina e Israele, passai una serata particolare nella capitale dell'isola di Cipro.

Nicosia è divisa in due proprio all'altezza del convento francescano: i caschi verdi dell'Onu fanno da cuscinetto tra i turchi e i greci. Una stradina separava i frati dai soldati dell'Onu provenienti dal Canada; dietro il muro del convento, al di là della grotta di Lourdes, iniziava la zona turca. Al di sopra della statua della Madonna, un discendente degli Ottomani faceva la guardia portando, bene in vista, un fucile mitragliatore; avrei voluto conservare un ricordo di quella strana scena, ma mi sentivo addosso un occhio guerriero che, forse, non sarebbe stato contento di essere immortalato per la posterità … E tuttavia l'atmosfera era tranquilla: ad ogni cambio di sentinella potevamo sentire, nei pressi della statua della Vergine, il "buongiorno" indirizzato ai dirimpettai canadesi con un forte accento turco!

Una sera, all'improvviso, venne a mancare la corrente elettrica; bastava uno sguardo attorno per rendersi conto che il guasto riguardava solo il nostro edificio, ma poiché l'interruttore automatico si trovava lungo il muro posteriore, era necessario chiedere ai soldati canadesi di poterci arrivare: questi avrebbero dovuto chiedere al soldato turco che stava sopra la grotta di avvisare i suoi commilitoni della retroguardia di non sparare sul coraggioso frate che sarebbe uscito per rimettere a posto il contatore. Dopo qualche minuto tornò la luce; il frate, passato attraverso una finestra dal lato turco, osò invitare i giovani militari a seguirlo per bere un bicchierino; dopo di che, in uno slancio di fervore adatto alla storicità del momento, un altro frate abbracciò questi fratelli nemici che stavano per tornare alle loro posizioni lungo i muri: due pianeti si erano incontrati!

L'islam africano

L'inizio di questo libro si è soffermato sulla mia scoperta e la mia vita quotidiana in Costa d'Avorio, dove vivono musulmani, cristiani e credenti delle religioni tradizionali africane. Col passare del tempo, l'esperienza di altri uomini e di altre donne che condividono le stesse speranze, e a volte difficoltà ancora maggiori mi ha aiutato a completare la mia visione del Vangelo vissuto in terra di frontiera.

Nella Somalia del 1986 sei frati, tra cui il vescovo, costituivano un granello di Chiesa seminato in terra islamica. Ventisei mesi dopo due di essi furono assassinati; dal tetto dell'ambasciata italiana gli altri videro bruciare la cattedrale, vestigio abbastanza appariscente del tempo dello splendore coloniale. I saccheggiatori affamati avevano devastato i depositi della Caritas; perfino le tombe dei vescovi vennero scoperchiate alla ricerca di oro…

Nello stesso periodo, in Uganda, Yoweri Museveni trionfava su Milton Obote: ci furono centinaia di migliaia di morti e intere città distrutte. Mentre nel nord si continuava a combattere, la città di Mbarara tornava alla vita: nei distributori era tornata la benzina, i "dottori francesi"[51] avevano appena mandato i loro tecnici per rimettere in piedi quel che si poteva e il mercato tipico africano riprendeva posto nella piazza principale. Un frate tedesco mi guidò anzitutto al monastero delle Clarisse: per sei mesi avevano vissuto di quel che aveva prodotto il loro orto, e trattavano con grande rispetto la vacca che consentiva loro di bere latte e di mettere del burro sul pane. In seguito andammo a vedere la casa dei frati, nel quartiere islamico, abbandonata sei mesi prima sotto i colpi di arma da fuoco. Una vedova, cattolica, il cui marito era stato ucciso dagli sgherri di Amin Dada, ci venne incontro: "I musulmani chiedono quando ritornerete", diceva a fra Klaus. Entrammo nel convento: tutto era stato rapinato, strappato, compresi i pulsanti elettrici; rimaneva una sola cosa: una simil-pergamena, bene in evidenza, con l'esortazione di Francesco d'Assisi, valida per i soldati di tutti i campi, ma anche per noi: "Consiglio, poi, ammonisco ed esorto i miei frati nel Signore Gesù Cristo, che quando vanno per il mondo, non litighino ed evitino le dispute di parole e non giudichino gli altri; ma siano miti, pacifici e modesti, mansueti e umili, parlando onestamente con tutti, così come conviene."[52]. Mi sono portato via la pergamena come ricordo, allungando così l'elenco dei razziatori!

---

[51] Appartenenti a "Medici senza frontiere".
[52] San Francesco, *Rb* III, 10-12: FF 85.

Ricordo con grande piacere una visita più recente, nel 2003, all'*imam* di Doba, in Ciad: è un giovane *peul* dal portamento imponente, non per presunzione, ma per la sua eleganza naturale e spirituale. Parliamo dei difficili rapporti tra allevatori di bestiame (musulmani) e agricoltori (cristiani); è ben deciso a spiegare il comportamento giusto ai suoi fedeli, le cui greggi distruggono impietosamente i virgulti che cominciano a crescere. Ha studiato in Nigeria, e ritiene che i suoi colleghi che hanno studiato in Arabia Saudita siano più sapienti; con tatto, cerco di rassicurarlo: "Lei ha conservato le radici africane e può comprendere meglio i suoi fedeli". Tra me penso soprattutto che ha la fortuna di essere protetto dalla tentazione di predicare un islam radicale … Il rapporto così schietto ci porta ad un dialogo dottrinale, iniziato da lui che vuol conoscere cosa io pensi del Profeta. "Secondo me – inizio – Muhammad è stato un gran genio religioso che ha abbandonato il politeismo. Nella vostra religione ho trovato una grande fede nel nostro Dio unico, e ci sono mistici e santi; però non possiamo considerarlo un profeta, perché secondo noi Gesù è il vertice della profezia; anzi è più che un profeta, è Dio stesso venuto tra di noi".

Alla fine esprime il suo dispiacere che la visita sia stata così breve, anche se eravamo lì da più di un'ora. Se i vertici delle due religioni non si stancassero di sottolineare l'importanza di coltivare relazioni di amicizia tra i credenti, l'Africa sarebbe un esempio di tolleranza ancor più convincente di quanto già non lo sia.

Tre anni dopo la mia partenza dalla Costa d'Avorio, la Commissione francescana per le relazioni con l'islam tenne il suo incontro annuale ad Abidjan. Gli amici musulmani organizzarono un incontro nel corso del quale *baba* diede sfogo alla sua gioia di rivedere *Yaya*, novello figliol prodigo, e insieme espresse la sua ammirazione per il nostro lavoro.

La Commissione era composta da tre europei (uno dei quali in Marocco da più di quarant'anni), due asiatici, un arabo e un africano: fummo tutti invitati al mio villaggio d'adozione; per tanti anni ero venuto ad Addah, un sobborgo ad ovest di Abidjan, tra la laguna e l'oceano; il mio "pallino" ecumenico là era conosciuto e gli abitanti del villaggio, diventati tutti miei familiari, erano molto felici quando andavo al tempio metodista, o a visitare gli Harristi e gli altri gruppi religiosi del litorale, soprattutto il mio amico profeta Papanouveau. Frequentare i musulmani, immigrati dal Sahel e impiegati come manovali dai miei "parenti", era più delicato. Comunque, mi consideravo un po' come rientrato in famiglia per le vacanze, non ero affaticato; in fin dei conti, mi sentivo quasi un po' colpevole di non aver scavalcato, come facevo una volta, la frontiera religiosa, che al tempo stesso era sociale ed etnica.

Anatole, uno dei miei "fratelli", mi aveva già fatto capire che all'ingresso del villaggio ci avrebbe aspettato una fanfara, ma senza dirmi niente della composizione del comitato d'accoglienza. Sulla sinistra stavano, naturalmente ben allineati, i notabili e gli anziani; a destra, invece, alla stessa altezza dei loro datori di lavoro cristiani, stavano i musulmani. Dopo aver salutato ad uno ad uno gli anziani, facemmo lo stesso con i musulmani; alla fine, tutti insieme, seguendo i musicisti e le donne che danzavano, abbiamo percorso la strada principale sino alla missione cattolica, nella quale si tenne la cerimonia tradizionale dei brindisi. Penso che i componenti della nostra Commissione, gli abitanti del villaggio e anche i manovali, si ricordino sino ad oggi di quella giornata; ero assolutamente orgoglioso del mio paesino e, poiché da quella volta non ho più avuto l'occasione di tornarci, quell'accoglienza rimane in me come un anticipo di paradiso, con un pizzico di nostalgia.

Sulle strade del mondo (2): donne fuori dalle mura

Per completare i miei ritratti di testimoni del Vangelo in mezzo a fratelli e sorelle dell'islam, vorrei ora presentare volti femminili; non seguirò un ordine cronologico, piuttosto situerò questi volti nelle culture all'interno delle quali li ho trovati iniziando, come nel capitolo precedente, dal mondo arabo.

Con i bambini di strada

Era già avanti negli anni, la suora francescana Marie-Cécile, quando la conobbi nel 1996 a Meknes. Aveva girato tutto il Medio Oriente prima di tornare come superiora in Marocco da dove aveva avuto inizio la sua missione. Ormai ottantenne – era nata nel 1914 – viveva in una comunità della Medina: l'esempio della sua vita, della sua preghiera e della sua presenza l'avevano resa una persona venerata e stimata per la sua saggezza.

Dicevano che ogni giorno si svegliava con qualche nuova idea per una associazione a favore dei bambini di strada; era nata il giorno di san Francesco, e lasciò questo mondo il 27 ottobre del 2001, quindici anni esatti dopo la grande giornata interreligiosa di Assisi. Il funerale, oltre che costituire il termine del suo cammino, fu anche l'ultima tappa del suo servizio agli altri: "Ci ha lasciato talmente tanta luce", diceva un marocchino. I bambini a cui aveva consacrato gli ultimi anni di vita erano tutti presenti: "La celebrazione si svolse alla presenza di un centinaio di cristiani (tutti stranieri) e di un centinaio di musulmani. Al termine tutti i giovani, nel coro della chiesa, si misero in cerchio attorno alla bara e pregarono per lei, in arabo, con le loro parole. Prima di uscire, con grande rispetto abbracciarono il feretro: avevano appena perso la loro mamma! In quel momento si potevano vedere molti cristiani con le lacrime agli occhi"[53].

---

[53] Mons. Vincent Landel, Arcivescovo di Rabat.

Per le strade dei crociati

Nel 1987, percorrendo le strade utilizzate dai crociati nove secoli prima, rimasi stupito nel vedere alcune donne che facevano parte della minoranza cristiana, ma avevano il cuore aperto nei confronti degli altri credenti.

Elisabeth è austriaca; ha sessantaquattro anni. Conosce il turco e legge il francese, ma tra noi ci intendiamo in inglese. Dopo aver insegnato per vent'anni a Istanbul, desiderava trascorrere qualche anno nella contemplazione in mezzo ai non cristiani, un po' come le Piccole Sorelle di Gesù, possibilmente a Tarso, la città vicina al luogo in cui ci troviamo. Ma i cristiani caldei, vedendola arrivare, le hanno chiesto una mano; lei vorrebbe orientarsi maggiormente ai credenti dell'islam, almeno nella preghiera. La incoraggio e le presto l'unica copia che ho di *Ami de Dieu et notre ami*[54]: *baba* con lei ha un gran successo e io porterò con me, nella preghiera, questa Elisabeth che mi sembra una santa.

Un poco più oltre, ad Antakya (Antiochia) incontro Barbara, forse trentenne. Verso il 1975 aveva lasciato il suo paese in Germania per recarsi a Gerusalemme … in bicicletta. Al ritorno, si è fermata: le era stato chiesto di dare una mano per qualche mese. La sua casa è un luogo di incontro, e lei svolge un ruolo di primo piano in una comunità cristiana nella quale la difficoltà di avere sacerdoti delle diverse confessioni favorisce un ecumenismo all'avanguardia; d'accordo con il loro vescovo, gli ortodossi sono membri attivi di questa parrocchia guidata da cappuccini. Conosciuta in città come una mosca bianca, qualche settimana prima del mio passaggio Barbara aveva deciso che era venuto il tempo di riprendere la bicicletta, messa da parte per non creare scandalo: "Pensavo fosse ormai arrivato il momento in cui le donne potevano andare in bicicletta", mi spiegava. La scena che seguì sarebbe stata degna di un film comico: maestosa sulla sua bici, la giovane donna avanza solennemente, mentre i pedoni rimangono a bocca aperta e altri ciclisti si scontrano tra loro o vanno addosso alle auto che si sono fermate. "Non è andata male: non ci sono stati feriti", conclude Barbara modestamente, cosciente che il mito li creerà …

"L'islam mi ha guidata a san Francesco"

Quasi un ventennio dopo un'altra giovane offrirà due anni di vita alla cooperazione in quella Turchia che cambierà il corso della sua esistenza.

---

[54] Vedi il capitolo *L'incontro inatteso*, nota 21.

Avrebbe voluto andare nell'Africa nera, ma la mandarono a Izmir (Smirne) come insegnante. Partendo come Abramo, lasciando indietro i suoi gusti e i suoi pregiudizi, scopre un popolo di credenti: "A contatto con questa gente che amavo ho imparato a scoprire l'islam. Lasciavo indietro le mie paure per poter incontrare dei fratelli! In quel contesto, mi è capitato nelle mani il racconto di Francesco con il sultano... A Damietta il cristiano e il musulmano erano due fratelli! Mi sembrava che Francesco, attraverso il suo modo di incontrare il sultano d'Egitto, mi stesse aprendo una porta: l'islam, così, in qualche modo, mi ha guidata a Francesco. Senza quest'incontro sconvolgente con i miei fratelli musulmani, senza il cammino interiore che si è approfondito in quell'occasione, sarei oggi Piccola Sorella di san Francesco?". Quando offrì questa testimonianza, all'interno di un grande incontro interreligioso organizzato dalla Famiglia francescana di Francia il 27 ottobre del 2002 a Vanves, a sud di Parigi, un ex ministro algerino, da tempo in esilio in Francia, venne commosso a salutarla: "Sorella, ascoltandola ho pianto più di quando mi hanno detto che era morta mia madre". Il 31 maggio seguente ero ancora presente in un'altra scuola, a Chelles, insieme ad altri uomini e donne musulmani, amici di Chantal. In occasione della sua professione solenne tra le Piccole Sorelle di san Francesco, lei era talmente felice di vederli presenti da aver anche lei voglia di piangere. La Turchia e il mondo islamico, rappresentati dai vecchi amici di Izmir e di Istanbul e dai vicini musulmani di oggi, sono stati presenti lungo tutta la celebrazione e nella festa interculturale e multireligiosa che durò sino a sera. Sia nel collegio di periferia dove oggi insegna, sia nella sua fraternità, Chantal continua il suo cammino spirituale di incontro con le sorelle e i fratelli dell'islam.

Le porte della prigione

Molto lontano da lì, in Pakistan, un'altra donna laica era venuta da Malta con l'intenzione di prendersi cura dei lebbrosi. Dopo qualche anno aveva sentito un altro invito, e all'epoca del nostro incontro, lasciava la *bidonville* sino a sera per recarsi in un'ampia casa con un vasto giardino; lì trascorreva le sue giornate insieme ad alcuni stranieri, dimenticati da quindici o vent'anni nella prigione da cui lei li aveva tirati fuori. Quei poveretti tornavano alla vita prima del grande viaggio di ritorno: due o tre settimane dopo Mariam e ventisei uomini e donne sarebbero partiti in direzione dell'India. Mariam avrebbe lasciato il gruppo presso un centro delle suore di Madre Teresa a Delhi, e avrebbe cominciato a riportare ciascuno al proprio villaggio; così, sarebbe scesa sino a Madras per accompagnare quello sconosciuto che, al nostro arrivo, si era messo a gridare. "Non è pazzo – mi aveva rassicurato lei – ma da vent'anni non aveva nessuno con cui parlare nella sua lingua. Quando ho trovato persone della sua etnia si è messo a parlare quasi normalmente".

La donna di Malta mi raccontava della sua vita senza enfasi: con lei, il Vangelo è un prato fiorito. È al suo secondo viaggio; mi racconta un episodio atroce e meraviglioso della sua esperienza precedente: arrivando in un villaggio, aveva chiesto al primo passante se conosceva la famiglia dell'anziana donna che portava con sé; l'uomo le si avvicina e dice: "È mia madre". La si credeva morta da tanto tempo!

Qualcuno di noi le chiede: "Ma come fate a farli uscire di prigione?". "All'inizio ho chiesto di entrare una volta alla settimana, poi due volte; allora mi hanno dato un permesso permanente. Adesso vado e dico ai responsabili: 'Cosa ve ne fate di questa gente? Invecchiano, vi tocca mantenerli … Dateli a me: li riporto nel loro paese'. Domani andrò alla capitale per farmi fare i passaporti". E conclude: "Le porte della prigione si sono ben aperte davanti a san Pietro! La storia si ripete …".

Il rischio per amore dei credenti

Dall'altro lato della frontiera attorno a cui si lotta dal tempo della divisione, il Kashmir è un terreno di battaglia tra gruppi che sostengono l'indipendenza o l'unione con il Pakistan e l'esercito indiano. Srinagar, la capitale, ai tempi dell'Impero era un luogo di villeggiatura per i britannici; ai piedi della città, sul lago, i battelli-hotel che hanno lavorato per l'alta società aspettano tempi più tranquilli per accogliere i turisti. Il centro abitato si è trasformato in un campo trincerato. A una settantina di chilometri da là mi aspettavano le Francescane Missionarie di Maria.

La città di Baramulla, con i suoi 60.000 abitanti, non aveva più un medico, se non tra i militari governativi; le suore erano le uniche a portare avanti un dispensario per i civili con un reparto di maternità. Il 3 marzo del 1992 mi successe di avere paura quando, in una moschea, alcuni ribelli richiesero con insistenza di andare in montagna per visitare le tombe dei loro ultimi "martiri"; avevo a fianco uno studente gesuita indiano e un musulmano, insegnante alla scuola cattolica. Attraversavamo un ponte sul vuoto, al di sotto passava un grande fiume: dall'altra parte del ponte potei contare sette postazioni di mitragliatrici; potevamo solo affidarci ad Allah. Al di là del fiume, mi fecero notare che la gente del villaggio osservava con attenzione questo europeo che scarpinava verso il cimitero: non c'era bisogno di farmelo notare, me n'ero accorto benissimo da solo... Mentre sostavamo davanti alle tombe scavate di fresco, si avvicinarono alcuni giovani vestiti con il lungo costume tipico: contavano su di me per far sapere all'Europa quanto era dura per loro la persecuzione indiana; su consiglio dei miei compagni, rassicurai sulla mia intenzione di tener conto della loro richiesta, e ripartimmo. L'insegnante mi chiese allora se avevo visto le armi nascoste sotto i vestiti: grazie a Dio, no. La cattiva vista, a volte, è utile per non far crescere la paura.

Di ritorno, attraverso il ponte, temevo l'interrogatorio che ci sarebbe stato dall'altra parte; ma dopo una visita ad un cristiano, tanto per passare inosservati, tornammo al nostro campo base per un'altra strada, sani e salvi. Fu in quel giorno, mi sembra, che mi portarono da alcune Carmelitane che mi dissero, come fosse la cosa più normale del mondo: "Noi abitiamo al piano terra, perché al primo piano passano troppe pallottole". E il colmo, così da rendermi ancor più vergognoso per la paura che avevo e che non volevo mostrare, era il sorriso con cui lo dicevano!

Il giorno seguente, approfittando di un convoglio guidato da ufficiali della forza di interposizione dell'Onu, ripartii per Srinagar, con il cuore pieno di quest'ultima visione: donne indiane ferme attorno all'altare, al termine della messa che avevo appena celebrato; rinfrancavano le loro forze di fronte a Colui che dà loro la capacità di apprezzare il bel rischio dell'amore.

Una donna protestante discepola di Francesco d'Assisi

Undici anni dopo mi trovavo in Ciad, alla frontiera con il Sudan. Mi dicono: "Geeske, una protestante olandese, si dispiacerà di non averti incontrato: andiamo a visitare la sua casa". Di fronte al mio stupore, mi raccontano che condivide la sua vita con delle ragazzine orfane o figlie di famiglie poverissime. Era evidente che, anche se lei era assente, bastava entrare in casa sua per vedere il ritratto di san Francesco. "Peccato: una volta che passa un frate, lei è a N'Djamena; potesse arrivare prima della tua partenza..." sussurra la suora che mi guida. Quanto a me, penso che dopo sette o otto ore di strada sterrata avrebbe piuttosto voglia di riposarsi un po'... così rimango stupefatto, ma contento di conoscerla, quando arriva alla missione, circondata da bambine: "Le mie bimbe non mi vedono da otto giorni: non mi vogliono lasciar stare!" E aggiunge: "Sa, sono straordinarie: abitiamo nella stessa casa, e ci tengono a mettere la mia stuoia per terra in mezzo a loro". Quella donna, sotto la dolcezza della relazione "materna", ha un carattere forte; le sue esperienze missionarie sono impressionanti: dopo un primo periodo in Ciad, e un'esperienza un po' soffocante in Zaire in un ambiente cristiano molto chiuso, ha preferito tornare qui, dove i cattolici e i protestanti hanno rapporti fraterni e insieme camminano incontro ai musulmani. Tra i vari progetti per aiutare i più poveri della zona, è impegnata in molti settori: dalla promozione della donna all'educazione dei giovani non vedenti; parliamo della scuola dove due pastori ciechi mi hanno accolto la mattina con i loro alunni. Non sapeva dell'incontro di Francesco d'Assisi con l'islam: per lei diventa una ragione in più per amare il suo maestro spirituale.

Christiane del Niger e della Mauritania

Nella Repubblica islamica della Mauritania, insieme al suo vescovo, ritrovo suor Christiane, una Francescana Missionaria di Maria, che ripeteva l'esperienza già fatta in Niger: tre anni in solitudine, vicino al lago Ciad. I nomadi avevano capito che la signora del dispensario era una donna di preghiera: "Tenevo una *Casa di preghiera per tutti i popoli* – scriveva –. Conservavo l'Eucaristia al centro di una stanzetta il cui retro era diviso in due spazi; vicino al tabernacolo una lampada a petrolio, per me molto utile, ma per i miei amici musulmani ricordo del celebre versetto coranico della luce: 'Allah è luce in cielo e in terra, e la sua luce è come quella di lampada collocata in una nicchia: la lampada si trova serrata in cristallo' (XXIV, 35). E ancora. 'E si trova questa luce negli edifici … dove il Suo nome è ricordato senza posa' (XXIV, 36). Lampada del tabernacolo. Dialogo con il Dio nascosto. Era la mia chiesa, quella che gli uomini avevano costruito per me, la cristiana!".

La sua preghiera "era resa più facile dall'ambiente che vive ancora le dure condizioni del nomadismo, così come la virtù dell'accoglienza, simili ad Abramo a Mambre. La messa è rara, ma la presenza eucaristica, così umile, insieme a me, al cuore del suo popolo, perché io ci sono … Comunque, in quelle condizioni di vita, niente preghiere in chiesa, niente ufficio comunitario in cui scaldarsi al cuore degli altri nei giorni duri … Fedeltà ad una presenza di ascolto, fedeltà nell'attenzione alle stesse parole rilette ancora una volta".

Al termine di un pomeriggio, terminato il lavoro, la suora ammirava il tramonto del sole tra la distesa delle dune. Era presente un anziano marabù, stanco dopo una lunga giornata passata sotto il sole cocente. Christiane gli disse: "Guarda che bello!". E lui: "Tu pensi che sia bello? Niente acqua, non si muove nulla, e in più la fame. Dio non ci vuol bene". La suora, sorpresa, ribattè solo: "Non hai il diritto di dire così". Dopo un silenzio che sembra interminabile: "Hai ragione – dice l'uomo – Dio ci vuole bene, perché ha mandato te per aiutarci".

In quegli anni di fame presso il lago Ciad, Christiane aveva vissuto un episodio che non ha raccontato per molto tempo. I responsabili amministrativi le avevano affidato l'incarico di sovrintendere alla distribuzione di cibo alla gente dell'accampamento; un giorno, per mancanza di carburante, il camion dell'esercito che doveva portare i viveri non arrivava: rimanevano solo due sacchi e mezzo, e si stava iniziando a organizzare un'equa distribuzione di quel che restava. Il racconto di Christiane continua: "Il tempo passava, ma niente; quelli che aspettavano non avevano più nulla da mangiare. Decidemmo di dividerci il poco che rimaneva, senza stare a controllare le tessere alimentari. Quando arrivai per iniziare la coda, ben ordinata, mi sembrava infinita … Qualcuno cercava di discutere, ma senza seguito … il mio traduttore del dispensario mi disse: 'Distribuisci come al solito: controlla le tessere, e noi distribuiamo'. Mi rassegnai a iniziare: andammo avanti a distribuire per tutto il pomeriggio. Quando, finalmente, si presentò l'ultimo della fila, restavano due sacchi e mezzo. Ero stupefatta. Eppure era tutto così chiaro: gli ultimi che erano stati serviti stavano finendo di caricare i sacchi sui loro asini. Tutt'intorno un'atmosfera di lavoro gioioso. L'agitazione si calmava man mano che la gente partiva: la notte cadeva sulle tende".

Un'altra Europa

Nel 1993 tornai in Francia. Al tempo in cui avevo lasciato l'Europa, la fede islamica non era così appariscente: la praticavano studenti e lavoratori che sarebbero tornati ai loro paesi; ma era passato un quarto di secolo e certamente avrei fatto conoscenza con un nuovo islam.

La mia vita sembrava, però, condurmi altrove: mi venne chiesto di assumermi la responsabilità del noviziato, di aiutare nel discernimento quei giovani adulti che bussavano alla porta della vita francescana. Seguendo quei giovani che erano innamorati della fraternità universale e appassionati della vita evangelica sull'esempio di Francesco d'Assisi, scoprivo il desiderio di Dio che attanagliava la Francia che, secondo i racconti un poco trionfalistici di cristiani incontrati sotto altri cieli, doveva essere invece, da questo punto di vista, ormai moribonda. Grazie ai miei novizi, ho potuto cogliere un altro aspetto della verità: ogni cristiano possiede almeno una parte del carisma della riconciliazione; e questa parte è legata con le paure che portiamo in noi.

Pascal e Jacques, per esempio, a due anni l'uno dall'altro, mi hanno lasciato sbalordito (io che non ho tanta dimestichezza con questo genere di incontri) per come sono stati in grado di avvicinare un senza fissa dimora che insultava il mondo intero stazionando nel metro: hanno avvicinato l'uomo aggressivo, gli hanno parlato con dolcezza, hanno trovato la strada che porta al suo cuore; hanno il dono di calmare in un istante l'agitazione dell'altro perché, in quell'incontro, sono stati capaci anzitutto di vincere la loro agitazione!

C'erano gruppi, a conoscenza delle mie esperienze, che mi chiedevano interventi, ma rischiavo di far la figura del reduce che racconta le sue antiche battaglie, senza legami significativi con la realtà locale. L'islam era un pianeta, il noviziato un altro. Non pensavo di impegnarmi nelle relazioni con le nuove religioni, ma significava ignorare le necessità di una Chiesa che stava tirando le conseguenze del Concilio aperto sulle differenti culture e sugli altri credenti.

L'impegno ecclesiale

Nel 1996 il Segretariato della Conferenza episcopale francese per le relazioni con l'islam (Sri) chiedeva aiuto; tanti amici insistettero con convinzione sulla mia preparazione in questo campo, sino a convincermi; non immaginavo che, un anno più tardi, sarei stato il successore di Gilles Couvreur. Al termine del suo incarico, Gilles aveva dato avvio ad una riflessione voluta dai vescovi; il mio temperamento mi portava piuttosto verso la formazione dei cristiani: fu una fortuna poter contribuire alla redazione di un testo rivolto ai pastori responsabili della Chiesa cattolica che, in una settimana di novembre, ogni anno si riuniscono a Lourdes. La riflessione e le decisioni prese sulle rive del fiume Gave nel 1998 si basavano sul lavoro di alcuni pionieri: coppie miste, gruppi islamocristiani, associazioni di vario genere, sacerdoti che vivevano in quartieri multiculturali, preti operai, religiosi e, soprattutto, religiose che vivevano tra stranieri o tra francesi di religione islamica … Quelle decisioni in favore di un'esigente apertura interreligiosa erano pensate per favorire l'impegno delle comunità diocesane e parrocchiali; una ventina di schede completavano l'opera e la loro diffusione ha mostrato che molti comprendevano l'importanza della posta in gioco.

In questa seconda parte del libro mi capiterà di parlare del periodo francese della mia itineranza in terre d'islam; mi sembra importante ricordare qui all'inizio di questa parte un'esperienza che, per me, è stata molto significativa. Ogni anno, presso Bourget, l'Uoif[55] raduna migliaia di aderenti e simpatizzanti; come nuovo responsabile del Sri, ero l'unico cattolico invitato sui cinque partecipanti a una tavola rotonda sulla famiglia. Di fronte a quattromila uomini e donne esprimevo il mio dubbio: ero proprio la persona adatta a parlare di educazione e di figli, io che avevo scelto il celibato sull'esempio di Cristo? L'animatore mi colse di sorpresa: "Ebbene, caro fratello – mi disse – nell'ora che arriva, lei sarà quello che farà emergere le problematiche spirituali". Nessuno contestò la decisione. Quando i credenti si rispettano, si arriva sempre molto lontano camminando insieme.

Islam europeo

L'incarico presso il Sri comportava anche la partecipazione al Comitato islam in Europa[56]. Quest'esperienza ecumenica al più alto livello consentiva

---

[55] Unione delle Organizzazioni Islamiche di Francia.
[56] Vedi la nota 2 dell'Introduzione.

uno sguardo all'islam del nostro continente: se ad ovest si trattava di una religione nuova che cercava la sua strada, nell'est era una religione autoctona che, all'interno della *Umma*, aveva una sua propria tonalità originale.

I musulmani della Repubblica Ceca sono poco numerosi, oltre che discreti: persino le Piccole Sorelle di Gesù che abitavano vicino alla moschea ignoravano la sua esistenza. Il nostro comitato vi venne accolto con grande cordialità nel 2002: in un clima di forte simpatia si sviluppò il dialogo. Siriani, Cechi, Senegalesi, Iraniani, Algerini testimoniavano una religione universale in grado di superare parecchie diversità; ma quando una donna ceca, sposata ad un arabo, affermò senza scomporsi che approvava l'omicidio tramite lapidazione di una adultera, come era stato deciso in un paese musulmano, l'atmosfera mi sembrò farsi più fredda. Grazie a Dio mentre uscivamo, un uomo di quella comunità mi confidò sottovoce la sue reticenze riguardo a quella posizione.

Bisogna andare in Bosnia per rendersi conto di quanto l'islam possa avere un'identità culturale europea, insospettabile nei musulmani francesi, impegnati a costituire una comunità pur con provenienze diverse e inserendosi in una storia che non è la loro. Nelle zone di frontiera tra l'Asia e l'Europa il cristianesimo e l'islam hanno dato origine a gruppi forse non proprio inappuntabili a livello dottrinale, ma che sono stati in grado di favorire la tolleranza anche in epoche in cui il dialogo era impossibile; qualche incontro fugace, a Tirana come a Istanbul, mi aveva invogliato a conoscerne di più. In queste periferie spirituali non tutto rientra, automaticamente, nella categoria del sincretismo: penso, per esempio, al culto nei confronti di sant'Antonio di Padova. Era un martedì di settembre del 1999, mi trovavo al cuore dell'Albania; l'automobile saliva con grinta lungo la strada sassosa, nonostante il diluvio che sembrava invitare a tornare indietro. Con l'auto superavamo gruppi di marciatori tenaci: il frate che mi accompagnava si rallegrava raccontandomi come le abitudini di un tempo avessero ripreso vita. Questo confratello era sopravvissuto al terribile periodo di Enver Hoxha, il marxista pazzo: per lui, come anche per i pellegrini che incrociavamo, ci sarebbero voluti ben altri ostacoli che il diluvio per convincerli ad abbandonare il cammino verso il santuario. Di solito, la messa si celebrava all'aperto, davanti alle migliaia di persone venute per implorare il santo; a causa del brutto tempo, oggi erano "solo" alcune centinaia ad ammassarsi nella cappella … Rimasi stupito nel vedere il celebrante fermarsi prima di distribuire la comunione ai fedeli: dopo la benedizione cominciai a capire. Il sacerdote domandò alla folla di uscire, per

poter distribuire il corpo di Cristo ai cattolici: tutta la gente che avevo visto
mandare baci alla statua del santo, invitare i figli a gettare fiori, ed esprimere
in pianto le proprie suppliche, era, per la maggior parte, di religione musulmana. Dopo la caduta del muro di Berlino, l'Albania aveva fatto più fatica
delle altre nazioni a liberarsi dalle catene, ma, in un certo giorno, migliaia di
credenti, tanto cristiani quanto musulmani, si erano fatti passare la parola;
la montagna aveva ripreso vita, come ai tempi dei loro nonni: erano saliti
verso la chiesa, distrutta in nome dell'ateismo scientifico, e avevano preso
il coraggio di iniziare la ricostruzione. Il luogo sacro di cui erano stati priva-
ti era, in qualche modo, l'autentica "casa del popolo" dei credenti. Vedendo
che non era più temuto, il governo comprese che la fine era arrivata.

Perché questo entusiasmo per Antonio di Padova? Forse perché
nell'islam, essendo proibito il culto dei santi, i credenti dirigono la loro sete
di intercessione verso gli uomini o le donne di qualunque religione? Esiste
sicuramente un aspetto "interessato", la speranza di sfruttare l'intercessione
del personaggio celeste invocato, ma a me piace sottolineare la tolleranza e
l'apertura interreligiosa che questo atteggiamento comporta. La mia conclusione non è né scientifica né teologica, ma, forse, spirituale: Antonio
da Lisbona sentì la chiamata alla vita francescana quando arrivarono in
Portogallo le reliquie dei martiri francescani di Marrakesh: conquistato,
voleva partire per le terre dell'islam, ma si trovò in Italia. A Padova, o a
Rocamadour, rimpianse di non aver realizzato il suo sogno? In ogni caso
recupera oggi, venendo incontro ai suoi fedeli dell'altra sponda …

Al culmine della mia gioia

Durante la preparazione del grande Giubileo dell'anno 2000, il "Ministero" del Papa per le relazioni con i credenti [57] organizzò un'assemblea in
Vaticano: duecentocinquanta persone, rappresentanti di ogni fede, furono
invitate a vivere e a riflettere insieme per tre giorni. Dagli incontri uscì un
messaggio che richiede che le religioni del mondo non vengano più utilizzate dai responsabili politici o religiosi come giustificazioni per le guerre.
Il pomeriggio del 29 ottobre, i duecentocinquanta delegati si divisero in
differenti luoghi di preghiera, nei quali ogni gruppo aveva la possibilità di
pregare per la pace; tutti insieme, poi, si ritrovarono presso la basilica di S.
Pietro. Al cadere del giorno, attorno al Papa, la celebrazione si concluse con

---

[57] Il Pontificio Consiglio per il dialogo interreligioso.

una scintillante illuminazione, alimentata dalle fiaccole della folla. Tutti si rendevano conto che, dopo la giornata del 27 ottobre del 1986[58], nella quale, per la prima volta, si erano riuniti i responsabili religiosi del mondo intero, stavamo facendo un altro passo in avanti; certamente in modo meno spettacolare, il solco era stato tracciato dalle lunghe ore vissute a lavorare alla pace religiosa come base per la pace nel mondo. Arricchita dalla corale multireligiosa del movimento dei Focolari e dagli interventi diversi e significativi, quella riunione, attraverso il momento di comunione finale, creava la convinzione che l'emulazione spirituale fosse possibile.

Due giorni prima eravamo stati ad Assisi, nell'anniversario dell'incontro del 1986; non so cosa abbiano pensato gli altri pellegrini, ma per me quello fu il più bel giorno del mio ministero della riconciliazione. Mons. Michael Fitzgerald[59] mi aveva chiesto di preparare un breve intervento su "Francesco d'Assisi e l'incontro con l'altro": sopra la tomba del mio fratello Francesco, d'Assisi e di Damietta, davanti ai rappresentanti di venti religioni provenienti dal mondo intero, ho toccato il vertice della mia gioia francescana, rivivendo l'esperienza della visita al sultano.

---

[58] Su quella giornata vedi l'eccellente libro di J.F. Petit *Assise, Capitale de la Paix*, Paris 2002.
[59] Allora Segretario, oggi Presidente del Pontificio Consiglio per il dialogo interreligioso

SECONDA PARTE

Dall'incontro al dialogo

La prima parte di questo libro ha presentato il mio percorso personale e ha messo in rilievo la comunione con tante altre persone nel loro cammino in terre d'islam. La seconda parte vorrebbe essere una riflessione sul compito da assumere e portare avanti.

Un capitolo introduttivo cercherà di presentare la novità spirituale di questo approccio; la testimonianza di Cristo e dei suoi incontri con non ebrei offrirà la base indispensabile per un atteggiamento evangelico.

Vedremo poi come il cammino interreligioso interpelli la ricerca dell'unità tra cristiani.

Per finire, torneremo con più calma sull'avventura spirituale di Francesco d'Assisi in terra di crociate, per comprendere lo "spirito di Assisi" e concludere con la prospettiva di una fraternità che oltrepassi le frontiere.

Lo Spirito santo fa veramente ciò che vuole

Un fedele cattolico, all'esterno di una sinagoga di Parigi, spiegava con compiacenza che la sua Chiesa, a partire dal Vaticano II, riconosceva la presenza di valori nelle altre religioni; il rabbino, non molto esperto in dialogo interreligioso, lo prendeva in giro a causa del tempo che era stato necessario per giungere a riconoscere la presenza di un po' di bene nell'altro ... Il cristiano non parlava con quelle sfumature che avrebbero attenuato il senso di superiorità, reale e duraturo, che ha caratterizzato la comunità dei discepoli di Cristo.

Per meglio comprendere l'importanza della tappa attuale, è certamente utile distinguere tre punti: i valori religiosi degli altri, i diritti della coscienza e la libertà religiosa.

Per quanto riguarda i valori religiosi nelle altre fedi, la Chiesa primitiva aveva una visione positiva che sarebbe stato utile mantenere.

I diritti della coscienza, affermati soprattutto da san Tommaso d'Aquino nel XIII secolo, non sempre, purtroppo, sono stati rispettati: dopo la Rivoluzione francese la maggior parte dei papi del XIX secolo, Gregorio XVI in particolare, si oppose agli ideali ormai divenuti comuni; verso la fine di quel secolo, il cardinale Newman, anglicano diventato cattolico, così si esprimeva, quando venne creato cardinale: "Se alla fine di un pranzo fossi invitato a proporre un brindisi religioso – cosa che, certamente, non sta bene fare – brinderei alla salute del Papa, sicuro, ma prima alla coscienza, e poi al Papa"[60].

Quanto al pieno riconoscimento della libertà religiosa per tutti, fu necessario attendere il Concilio Vaticano II.

Illuminati dagli altri

La Chiesa precedente la "cristianità" sapeva apprezzare il lavoro di Dio, quando parlava di "semi del Verbo" disseminati nelle altre religioni. La no-

---

[60] Lettera al Duca di Norfolk (VIII volume degli scritti, pag. 253). Ringrazio il Card. Jean Honoré per la sua gentilezza nell'offrirmi la citazione.

vità conciliare fu quella di riportare in primo piano questo atteggiamento antico e soprattutto quella di riconoscere anche per i cristiani la possibilità di essere illuminati sull'uno o l'altro aspetto del patrimonio religioso messo in rilievo da altre fedi. Il decreto conciliare sulle religioni "considera con sincero rispetto quei modi di agire e di vivere, quei precetti e quelle dottrine che, quantunque in molti punti differiscano da quanto la Chiesa crede e propone, tuttavia non raramente riflettono un raggio di quella verità che illumina tutti gli uomini"[61].

Mettendoci a fianco dell'altro, non rimanendogli di fronte come opposti, possiamo scoprire delle meraviglie; con un po' d'umiltà, talvolta proprio necessaria, ci viene data l'occasione di glorificare un Dio Amore ancora più grande. Per esempio leggendo questo testo di Asoka, re buddista del III secolo avanti Cristo, che decreta: "Non bisogna onorare solo la propria religione e condannare le religioni degli altri, ma bisognerebbe onorare anche le religioni degli altri per questo o quest'altro motivo. Facendo così si contribuisce a rendere ancor più grande la propria religione e si rende servizio a quella degli altri. Così si afferma la concordia: tutti ascoltino e vogliano ascoltare le dottrine delle altre religioni"[62].

Accogliere dall'altro "un raggio della verità" significa vederlo non come un pericolo o un nemico, ma come un fratello amato. Nell'ambito interreligioso la compassione dei buddisti, la fedeltà all'Alleanza degli ebrei, l'ospitalità dei musulmani[63], sono tutti elementi che possono arricchire la nostra vita spirituale.

L'islam e io

L'incontro con i musulmani ha riempito la parte più lunga della mia vita di sacerdote: posso dire di esserne stato illuminato? La risposta non può ridursi ad un semplice *sì* o *no*: l'islam rimane, per me, un mistero! Come mai, seicento anni dopo Cristo, Dio ha permesso la nascita e lo sviluppo di un'espressione religiosa che contraddice non l'intero messaggio, ma il cuore stesso del cristianesimo?

La maggior parte dei musulmani risponde che noi non abbiamo capito davvero Gesù, e alcuni altri pensano che noi abbiamo falsificato le Scritture.

---

[61] Nostra Aetate, 2.
[62] Cfr. Dennis Gira, *Les Religions*, Paris 2001, p. 110.
[63] Il senso dell'ospitalità è un tratto comune a tutti i nomadi, ma l'islam, nato nel deserto arabo, lo ha particolarmente sviluppato.

Altri, basandosi su un suggestivo testo del Corano[64], ritengono che Dio voglia favorire l'emulazione spirituale tra le sue creature; anche questa risposta, però, certamente molto positiva, non mi soddisfa pienamente. L'islam, per me, è anzitutto un mistero, un mistero che affido alle mani di Dio.

Intendiamoci bene: il mistero, in linguaggio cristiano, non è un indovinello, ma una storia d'amore. Così pensava Christian de Chergé, Priore di Tibhirine, quasi presagendo i momenti tragici che avrebbe vissuto: "La mia morte, evidentemente, sembrerà dar ragione a quelli che mi hanno classificato in fretta tra gli ingenui o gli idealisti: 'Dica adesso quel che pensa!'. Eppure devono sapere che, finalmente, sarà soddisfatta la mia curiosità più lancinante: potrò infine unire il mio sguardo a quello del Padre per contemplare insieme a Lui i suoi figli dell'islam così come li vede Lui, illuminati dalla gloria di Cristo, frutti della sua passione, segnati dal dono dello Spirito la cui gioia profonda consiste nel creare legami di comunione e ristabilire la somiglianza, facendosi gioco delle differenze". Questa frase esprime con chiarezza la domanda che è anche la mia da tre decenni: l'islam, che vedo nella fede e nella vita del musulmani, è un mistero d'amore che mi sarà svelato solo all'ultimo giorno, giorno che inizierà con la più grande riunione interreligiosa della storia, e si prolungherà in un guardarsi negli occhi in cui le divisioni saranno superate, dal momento che Dio ci trasfigurerà posando su di noi il suo sguardo amoroso.

L'islam è anche il compagno che Dio mi ha dato: un compagno esaltante, con delle persone, uomini e donne, "rivolti verso il volto di Dio"[65]; un compagno a volte difficile, quando emergono le deviazioni del settarismo, non sempre condannate efficacemente dai responsabili; ma non mi spaventa più del fanatismo che vedo in alcuni cristiani, che non esitano a passare agli insulti in lettere anonime, o a mostrare i muscoli in vere e proprie aggressioni.

Separandosi pian piano dalle potenze di questo mondo, le diverse religioni, prima o dopo di noi, hanno cominciato il cammino dello spogliamento terreno per arricchirsi di Dio; la mia speranza in una spiritualizzazione totale nel vivere l'islam è più che mai ferma, perché la storia spinge in quella direzione, ma soprattutto perché sempre più musulmani lo vivono già, perché anche il Corano spinge, e lo Spirito è all'opera.

---

[64] "Se Allah lo avesse voluto avrebbe potuto fare di voi una comunità unica, ma non lo ha fatto. Vuole mettervi alla prova per mezzo di ciò che vi ha rivelato. Andate a gara gli uni e gli altri nel compiere il bene, perché verso il Dio sarà il vostro ritorno. Solo allora egli vi illuminerà sulle cose su cui siete in discordia" (Corano V, 48).

[65] Vedi Corano LXXV, 22-23; nella Bibbia 1Sam 7,3 e At 14,15.

Illuminato dall'islam?

Il giorno in cui per la prima volta mi venne chiesto: "L'islam ti ha veramente dato qualcosa?" non me l'aspettavo; e tuttavia, la mia risposta è rimasta sempre quella.

La preghiera musulmana mi ha rivelato qualcosa del senso dell'adorazione; si dice che c'è troppo ritualismo nella vita di quei credenti: ma che senso del sacro e della contemplazione ho potuto percepire in tanti di loro! Quante ore trascorse a sgranare il loro rosario: "Lode a Dio, gloria a Dio, perdono a Dio...". La prostrazione delle folle dell'islam mi ha anche aiutato a rivalutare i vocaboli *onnipotente, creatore, maestro* e *giudice misericordioso*; la recita dei nomi di Dio, poi, mi ha rimandato al Padre e alla nostra concezione differente: Dio è unico, ma anche trino. La Trinità non è più, per me, il frutto di un'adesione intellettuale, ma di una storia d'amore: Padre Figlio e Spirito si amano talmente che il loro amore sgorga e si riversa sugli uomini attraverso l'incarnazione e la redenzione. La fede nell'unico Dio mi rende un credente monoteista; essere battezzato nel nome della Trinità e credere che lo Spirito santo è all'opera in tutto il mondo mi rende un cristiano in cammino tra gli uomini, con la mano nella mano di Cristo, verso la casa del Padre.

Venuto nella nostra carne, Dio ci rivela la sua paternità: ed ecco che nello stesso momento non solo siamo uniti a Lui, ma anche tra di noi in forza di una relazione che oserei definire "spiritualmente carnale" in Gesù, verbo incarnato. La fraternità che si ferma solo ai fratelli di religione o di etnia non è quella di Cristo! Dopo duemila anni, non abbiamo ancora tratto tutte le conseguenze della sua affermazione: "Voi siete tutti fratelli" (Mt 23,8).

Certo, l'ospitalità è già apprezzata dall'islam, la compassione verso il prossimo è una virtù carissima al buddhismo, l'amore verso il prossimo già esiste nel giudaismo insieme alla fede nel Dio dell'Alleanza, ma Cristo è venuto a rivelare che l'amore del prossimo ha la sua radice nel Dio Trinità, in quel Dio che è in sé relazione d'amore. Questa realtà avrebbe dovuto guidare la Chiesa ben più avanti sulle strade degli uomini: se avessimo compreso meglio il legame tra il dovere della fraternità e la Trinità, avremmo probabilmente evitato dei drammi. Infatti, come sarebbe stato possibile vedere nel fratello, in cui abita lo Spirito, un nemico da combattere? Se ci fossimo resi realmente conto del fatto che Dio è relazione, avremmo scoperto come il legame tra tutti gli esseri umani vada colto all'interno della relazione d'amore tra Padre, Figlio e Spirito; avremmo allora sperimentato l'impossibilità, genuinamente evangelica, di uccidere, o di escludere, "in nome di Dio".

Il Vangelo ci ricorda che dopo due anni di catechesi al più alto livello, il Maestro confessa ai suoi discepoli: "Ho ancora molte cose da dirvi; ma non sono per ora alla vostra portata" (Gv 16,12). Anche allo Spirito occorre del tempo per riuscire a guidarci verso la verità tutta intera!

L'islam ha sconvolto anche i miei rapporti con Dio: siamo davvero coscienti del coraggio necessario per chiamare Dio *Padre nostro*? Per capire davvero la rivoluzione compiuta dall'Emmanuele portando il Dio trascendente all'altezza del nostro cuore, dovremmo lasciarci interrogare da coloro che, per rispetto, non osano dire *Abba*.

L'islam mi ha rimandato con grande forza ad Abramo e al suo sacrificio. Per quanto riguarda la sottomissione islamica, si è molto parlato di fatalismo; anch'io l'ho fatto, sino al giorno in cui ho dovuto entrare nella radicalità dell'accettazione. Nel 1976, quando ho rischiato di perdere la vista, la fede, la preghiera e lo spirito di sottomissione dei miei amici musulmani mi hanno molto spesso sostenuto in quella prova. Non era un'eco di quella stessa di Gesù? "Padre, passi da me questo calice … Ma sia fatta la tua volontà". Grazie a Dio, ho scoperto l'accettazione attiva: entrare nella volontà del Padre, consegnarsi a lui, anche accettare la possibilità di diventare cieco … Senza la compagnia dei miei fratelli dell'islam non ne sarei uscito così bene.

Ho compreso con più evidenza che la grazia di Dio si estende ben al di là dei confini stabiliti da noi. Diventava possibile accogliere gli altri e amarli così come sono senza, per questo, rinnegare me stesso. Accogliendo la ricchezza offerta dalla condivisione della vita con un santo musulmano, ho colto la chiamata a lodare lo Spirito che mi attendeva in lui. Qualche giorno dopo la giornata di preghiera per la pace del 17 ottobre 1986 sono andato a visitare *baba*: "Quelli che non erano d'accordo con noi adesso saranno costretti a seguirci! Ma quello che non avremmo immaginato era che tutto questo si sarebbe svolto a casa nostra, ad Assisi". San Francesco ci aveva fatto entrare in un'autentica fraternità interreligiosa.

"Lo Spirito soffia dove vuole"

A volte Dio ci scuote con violenza! L'incontro con alcuni convertiti all'islam, provenienti dalla fede cristiana, non mi è stato facile: ho dovuto fare uno sforzo per assumere uno sguardo di rispetto. Il Signore a volte mi ha lasciato perplesso, e qualche volta capita ancora adesso. Ma ho capito che è necessario anzitutto vedere se il convertito si apre agli altri, o se entra in una deriva settaria; mi spiace per quelli che si chiudono, ma mi rallegro con tutti coloro che pensano o ripensano il loro islam per viverlo nel rispetto del cammino degli altri.

In una chiesa, in Francia, alcuni musulmani avevano accettato di venire ad ascoltare una mia conferenza; il vescovo che era presente, alla fine del dibattito, li ringraziò, dispiacendosi per l'esiguo numero di cristiani; forse per consolarmi un ex marxista convertito all'islam mi disse: "Nel mondo non ci sono mai stati così tanti credenti per convinzione come oggi", capaci di praticare il loro culto e l'apertura agli altri. Quel pensiero è giustissimo: ci sono sempre meno credenti "sociologici", tali perché tutti intorno lo sono. Questa riflessione mi colpì anche perché il suo rivolgersi a me testimoniava una volontà di comunione. Qualche tempo dopo, un ex maoista mi ringraziava per aver parlato senza troppi abbellimenti ai giovani componenti la sua confraternita mistica; nonostante tutto il mio rispetto per la sua scelta e la grande amicizia, non avevo nascosto il mio dispiacere nel sapere che il mio principale interlocutore proveniva dal cristianesimo. Avevo anche affermato con chiarezza che le nostre differenze dottrinali, in particolare riguardo alla persona di Gesù, non sono solo complementari, ma realmente contraddittorie. Ricordo ancora una giornata non facile, un po' destabilizzante in relazione allo Spirito santo: faccio sempre più fatica a comprenderlo, perché soffia veramente dove vuole! Mi trovavo ad accompagnare una ricerca di senso che germogliava nell'islam, mentre la maggior parte di quei giovani erano stati cattolici, perlomeno battezzati; riuniti due volte alla settimana, per una preghiera che durava quattro ore, la loro gioia di vedermi là presente era uguale solo alla mia. Davvero lo Spirito santo ci destabilizza! Ma di fronte ad un mondo nuovo non possiamo fare la parte dei disfattisti, o di quelli rivolti al passato che condannano qualunque novità.

Questo atteggiamento positivo, comunque, non elimina la lucidità: soprattutto quando riflettiamo sulla strada nuova degli incontri di preghiera e di meditazione tra credenti di fedi diverse.

La "preghiera interreligiosa"

Il desiderio di *essere insieme per pregare*, o la ricerca di una preghiera comune, è sempre più presente tra tutti quelli e quelle che sognano di vedere finalmente le religioni sprigionare il loro potenziale di forze di pace e di riconciliazione, senza passi indietro. La pace nel mondo non è, però, l'unico motivo di questi incontri: un fatto gioioso o triste nella famiglia o tra un gruppo di amici, un dramma nel quartiere, un avvenimento nazionale o internazionale, possono essere percepiti come un'occasione o una necessità di condividere la gioia o il dolore[66].

Di primo acchito, una preghiera comune appare come impegnativa; e tuttavia, secondo me, alcuni chiudono troppo in fretta le porte al futuro, negando per principio la possibilità di questo incontro. Forse tra una o due generazioni scopriremo con gioia che le nostre celebrazioni fianco a fianco sono state una felice premonizione.

Senza dimenticare i segni dei tempi e le chiamate dello Spirito, da discernere nella Chiesa in accordo con gli altri credenti, nel momento attuale non è inutile sottolineare la distinzione tra *pregare insieme* e *essere insieme per pregare*. La comunione spirituale che garantisce il legame tra i nostri incontri di preghiera spesso scaturisce già dall'atmosfera fraterna, libera dai timori di sincretismo o di proselitismo; e soprattutto occorre fidarsi del Dio che ci raduna e del suo Spirito che è all'opera nei nostri cuori e in quelli degli altri. Se Dio vuole la pace tra di noi, allora vuole che lo sguardo dei credenti si trasformi: una migliore conoscenza reciproca, e un autentico rispetto vicendevole, aiutano a presentarsi insieme di fronte a lui. Questo desiderio spinge così molti di noi a cercare momenti di comunione che non siano solamente costituiti da grandi emozioni, che poi passano: la preghiera fianco a fianco deve far crescere in noi il desiderio di vivere nella pace sotto lo sguardo di Dio.

Siamo obbligati a tener conto del legame che ogni comunità stabilisce con l'Infinito: dobbiamo quindi stare attenti che un incontro di questo tipo rispetti la coscienza di ciascuno, soprattutto nei confronti dei buddisti; può anche essere che, in questa o quella circostanza, sia preferibile pregare il Dio unico solo tra credenti monoteisti.

In questo genere di incontri di preghiera il momento riservato ai cristiani dovrebbe essere gestito nell'unità: lasciare uno spazio ai cattolici, uno ai protestanti e uno agli ortodossi come se fossero altrettante religioni diverse, è una testimonianza di divisione; meglio preparare insieme, dividendosi letture, testimonianze e canti, oppure lasciare che una delle tradizioni cristiane si esprima a nome di tutte. In questo modo possiamo presentare in tutta la sua verità la fraternità che supera la razza o la religione.

La nostra vita con Dio riguarda anche la nostra capacità di condividere la vita con gli uomini e le donne di questo tempo. La preghiera è stata accusata,

---

[66] In *Documents Episcopat*, n. 6-7 dell'aprile 1999, "Catholiques et musulmans, fiches pastorales", la scheda 18 offre orientamenti interessanti e una breve bibliografia. Vedi anche le schede 19 e 20.

come ogni sforzo in direzione dell'al di là, di addormentare la gente e di distoglierla dai problemi della giustizia. Per evitare che la preghiera interreligiosa venga intesa come un nuovo oppio dei popoli, sarebbe utile, almeno per quei gruppi che si ritrovano regolarmente, concordare un'azione comune nel settore dei diritti umani e dell'attenzione alle minoranze.

Infine, la virtù che dobbiamo chiedere con insistenza è quella dell'umiltà: umiltà di fronte alle nostre debolezze e di fronte al mistero dell'altro. Solo l'umiltà consente a Dio di fare luce anche attraverso le nostre oscurità.

Il terzo mondo della speranza

Spesso diventa necessario aggrapparsi alla speranza contro ogni speranza, come Abramo. Tanti cristiani si scoraggiano: appena scoprono la raccomandazione del Concilio di andare verso l'altro sono pronti a fare un passo e, fatto il passo, sono altrettanto pronti a condannare l'altro credente se non prende parte qui e subito alla loro danza. Ma, a meno di mettere in soffitta una buona parte delle parole e degli atteggiamenti di Gesù, il *do ut des* non è un passo di danza raccomandato dal Vangelo.

Occorre sperare che le donne e gli uomini, credenti, agnostici o atei, possano cambiare il loro sguardo, come successe a quel missionario mandato nell'Africa occidentale: aveva avuto pochi rapporti con la comunità islamica, nella quale vedeva una concorrenza non sempre leale; chiamato alle armi durante la guerra d'Algeria era stato salvato da un musulmano. Quest'ultimo sapeva che il militare francese era sacerdote e per nulla amante della guerra: così gli aveva consigliato di filarsela nel momento in cui un *commando* stava per fargli la pelle. Il suggerimento aveva avuto l'effetto sperato, e il "traditore" era stato torturato a morte, senza rivelare nulla delle abitudini dell'ufficiale. In suo ricordo, il suo *fratello di sangue* portava con fierezza, quando lo visitai per l'ultima volta in una casa di riposo dei Padri Bianchi, una piccola croce con una corda rossa. Probabilmente l'ha portata anche nella sepoltura, avvenuta a Pau nel 2003.

Christian de Chergé, il santo Priore di Notre-Dame de l'Atlas, che venne a conoscenza di questa storia, ebbe a scrivere[67]: "Il terzo mondo della speranza è proprio sulla via dello sviluppo, come ogni terzo mondo, di uno sviluppo spirituale"[68].

---

[67] Marie-Christine Ray, *Christian de Chergé, Prieur de Tibhirine*, Paris 1998, pp. 60-62.

[68] Christian de Chergé, *L'invincible esperance*, Paris 1997, p. 175.

Rinforzata dal gesto o dalla parola di un fratello o di una sorella dell'altra riva, questa speranza dà la capacità di continuare insieme. Quando due religiosi Spiritani furono aggrediti nella Cattedrale di Nousckott (Mauritania), nel 1994, e rimasero fisicamente menomati, appoggiati dalla Chiesa seppero offrire il loro perdono alla persona che aveva creduto di agire in nome di Dio ferendoli. Ci vollero due anni all'*imam* del quartiere per presentarsi davanti al vescovo per esprimergli i propri sentimenti: nessuno avrebbe immaginato un passo simile; per mesi e mesi l'uomo di Dio aveva voluto imparare il francese per andare lui stesso a dire il dispiacere e lo spavento provati in occasione dell'aggressione di altri uomini di Dio. Lascio la parola a Martin Happe: "Un mattino suonano alla porta del mio piccolo vescovado: la cuoca mi informa della visita dell'*imam* del quartiere. Mi alzo subito per andarlo ad accogliere alla porta e mi trovo di fronte un uomo di una quarantina d'anni. Un indigeno tutto vestito di bianco, con una barba enorme, tipo 'fratelli musulmani'. Ma che sguardo: dolce e di benevolenza! Ho subito riconosciuto in lui un uomo spirituale segnato dal lungo tempo trascorso in preghiera. Lo faccio entrare e ci sediamo insieme nell'angolo del mio ufficio dove stanno le poltrone. Lui mi dice più o meno: Sono abituato a visitare regolarmente tutti gli abitanti del quartiere, ma sino ad ora non conoscevo il francese: per questo non sono mai andato nella case abitate dagli europei. Quando sono venuto a sapere, due anni fa, dell'attacco che hanno subito i due preti, mi sono detto: Devi imparare il francese per poter dire agli europei che agire così non è da musulmani; che non si ha il diritto di tirare in ballo Dio quando si ferisce o si uccide un uomo".

Purificare le nostre memorie

Oggi più che all'inizio vedo con chiarezza quanto sia fondamentale la purificazione della memoria. La nostra eredità è piena di divisioni tra cristiani, ma anche tra noi e gli altri credenti. Giovanni Paolo II non ha avuto un compito facile nel convincere che sarebbe stato buono, all'inizio del nuovo millennio, riconoscere i grossi pesi che rallentano il nostro cammino con il resto dell'umanità.

Per alcuni riconoscere gli errori del passato significherebbe disprezzare coloro che ci hanno preceduto; dicono: "Quelli che non sono dei nostri, quelli là, devono pentirsi anche loro: anche loro ne hanno combinate altrettante!". Questo è certo. Ma se vogliamo camminare sulle orme di Cristo abbiamo il dovere di metterci alla testa della carovana. Liberaci, Signore, dalla preoccupazione nevrotica di difendere l'onore della tua Chiesa!

I meno giovani hanno ancor più bisogno di questo sforzo di purificazione della memoria collettiva. Una religiosa raccontava con coraggio e lucidità l'inizio del suo cammino di incontro con i musulmani: riflettendo sulle sue difficoltà, si rese conto di quanto l'aveva segnata un libro che risaliva alla sua infanzia; si ricordava solo le illustrazioni della battaglia di Poitiers, l'eroico Carlo Martello mentre affronta i malvagi assetati di sangue cristiano che uccidevano senza tregua.

Riconoscere l'insegnamento del reciproco disprezzo

Veniamo da lontano. Una volta, aprendo un piccolo catechismo[69] trovato nella sacristia di un villaggio africano, mi trovai davanti queste domande e risposte:

"Tutte le religioni al di fuori di quella cattolica sono false?

Sì, tutte le religioni al di fuori di quella cattolica sono false e non possono condurci al cielo".

---

[69] *Catechisme de la doctrine chrétienne en français-attié* p. 62. Edito dalla *Sodalité de St. Pierre Clavier*, con *imprimatur* del 4/08/1933. Nonostante la teologia sottostante, è degno di lode lo sforzo missionario di pubblicare un catechismo bilingue, in questo caso nella lingua *attié* o *akié*.

Dopo l'idolatria si arrivava all'islam:

"Il maomettanesimo è falso?

Sì, il maomettanesimo è falso: non riconosce la religione di Gesù Cristo e il fondatore Maometto è un impostore"

Il protestantesimo non se la cavava meglio:

"Sì, il protestantesimo è falso: i suoi fondatori hanno variato molto la dottrina di Gesù Cristo e non riconosce il Papa come capo."

Alla fine della pagina si leggeva:

"Colui che non appartiene alla religione cattolica e, pur sapendolo, non si sforza di farne parte può raggiungere la salvezza?

Colui che sa di non appartenere alla religione cattolica e non cerca di farne parte non può raggiungere la salvezza".

La stoccata era perentoria, perché l'inclusione – *pur sapendolo* – funzionava di fatto come una esclusione! Quei pagani, adesso che c'erano i missionari, non avevano la possibilità di saperlo?

Questo tipo di teologia produce ancora danni. C'è da rabbrividire leggendo una lettera spedita da una signora francese a P. Coindé, parroco di St. Bernard a Parigi, sul tema dei *sans-papiers*: "Sono una cattolica praticante. Ritengo che lei sia fuori dalla nostra religione. La chiesa non è sua proprietà. Aver autorizzato un simile accampamento nella casa di Cristo è una vergogna. Vada da qualche altra parte a fare il prete, magari tra i musulmani. Cristo aveva svuotato il tempio di Gerusalemme: aspetto la sua vendetta. La maledico"[70].

I fatti che riporto di seguito sono meno violenti, e tuttavia dovrebbero incoraggiarci ad un atteggiamento di vigilanza.

In un villaggio africano rimasi stupito nel sentir leggere questa preghiera rivolta a Cristo: "Sii il Re di quanti vivono nell'errore dell'idolatria e dell'islamismo"[71]. Cercavo di consolarmi pensando che la maggior parte di coloro che la recitavano avevano una comprensione abbastanza approssimativa della lingua di Bossuet … Quando gli confidai il mio stupore per il fatto che quel testo venisse ancora usato, il parroco mi fece capire che la preghiera veniva recitata in occasione della festa da chissà quanto tempo: nessuno ci faceva più caso! Penso che una cosa simile succeda per questa nenia cantata in una processione nel sud della Francia il 15 agosto:

"Se vi degnate di custodirci (Signore)
saremo salvi dal pericolo,
potremo osare tutto
di fronte ai navigli del nemico.
Qualunque sforzo faccia il Turco
nonostante il suo furore
ci faremo gioco di lui
sfideremo la mezzaluna
abbattendo la sua tracotanza
e ogni barbarie
col vostro sostegno invincibile
col vostro potente braccio".

Folklore innocente e senza conseguenze, diranno alcuni. Ma non han-no pensato che i musulmani, sentendo queste parole, potrebbero avere dei dubbi sulla volontà della Chiesa di entrare in dialogo con l'islam? Bisogna provare più spesso a mettersi al posto degli altri: è più urgente di quanto si pensi comunemente. Tanti cristiani dovrebbero rivisitare il campo del proprio immaginario. Anche qualche musulmano, certo: passeggiando per i *suq* in medio Oriente il cristiano può essere colpito da immagini che non hanno nulla da invidiare alle nostre. Ali Agca, sparando al Papa il 13 maggio del 1981, non pensava forse di uccidere il capo dei *crociati*? E l'identificazione, costante e voluta, tra *occidente* e *crociati* fa pensare che, generazione dopo generazione, l'educazione musulmana non è contraria a quest'idea. E come poter fare almeno una parte di cammino insieme a quanti approvano o tollerano che sugli scaffali delle librerie islamiche di Francia siano esposti queste specie di "catechismi" in cui si può leggere: "Il musulmano non ama gli infedeli, poiché Dio li detesta. Il musulmano ama e odia ciò che Dio ama e odia". Evidentemente è grande l'incoscienza presso quei musulmani che parlano di dialogo in un salone in cui i libri esposti testimoniano una simile chiusura di spirito.

Una piccola moschea della periferia di Parigi aveva organizzato una "giornata a porte aperte": l'iniziativa mi era sembrata significativa, nel clima un po' pesante del *dopo 11 settembre*. Fummo accolti come ospiti mandati da Dio; il dialogo durò a lungo, anche perché i visitatori, a quell'ora, erano pochi. Al momento di salutarci, il responsabile ci guidò verso il tavolo dei libri offerti al pubblico; insieme agli inevitabili opuscoli contro l'evoluzionismo di Darwin, ecco spuntare l'autore sudafricano Deedate, con in bella vista i libri e i video della discussione-fiume del predicatore sudafricano con un evangelista televisivo nordamericano; feci notare che quel polemista passava il tempo attaccando la fede cristiana, presentandone una parodia. È difficile credere che un dialogo sia cominciato, sino a quando un tipo simile rimane, per alcuni dei nostri interlocutori, un modello di incontro. Nel 1976, durante un grande congresso a Tripoli, cristiani e musulmani avevano deciso la revisione dei manuali scolastici: in alcune parti del mondo quella decisione è rimasta lettera morta.

Le opere d'arte: un passato da assumere

La vendita di alcune immagini, non sempre artistiche, che generano odio potrebbe essere eliminata. Per le opere d'arte monumentali, la soluzione non è così semplice. In una chiesa del sud della Spagna vidi con stupore una statua di san Giacomo che trucidava dei Mori. L'arte è parte della religione, mi venne detto, e in ogni modo i cristiani non pensano più così. Ma ci si rende conto che un credente musulmano, facendo la mia stessa scoperta, avrà qualche problema a sentirsi in un edificio consacrato ad una religione di pace? Sia in quanto opera d'arte, sia in quanto testimonianza di un'epoca passata, questo genere di statue potrebbe trovar posto altrove, non in una chiesa.

È più difficile per gli affreschi. Nell'agosto del 2002 il centro Italia conobbe un certo tumulto: a Bologna, un cristiano che stava facendo visitare la città a qualche migrante, avrebbe volentieri fatto a meno della pubblicità che la sua iniziativa guadagnò. Nella chiesa di San Petronio, di fronte ad un affresco che rappresentava Maometto tra i tormenti infernali, i suoi compagni musulmani erano stati sentiti protestare: non potevano essere dei discepoli di Bin Laden che stavano preparando un attentato? I musulmani e il cristiano vennero fermati, poi rilasciati; uno dei giovani migranti disse che la sua prima visita ad una chiesa sarebbe anche stata l'ultima! In quel periodo mi capitò di visitare il museo del Bargello, nel centro di Firenze: mi capitò di vedere la statua del Giambologna (1529-1608) che rappresenta la dolce città medicea abbattere la nemica Pisa. Per le opere d'arte religiosa composte in un'epoca in cui le religioni erano dei ghetti, si dovrebbe avere la stessa distanza che si assume nei confronti della storia: non credo che oggi i pisani vorrebbero vendicarsi dei fiorentini facendo saltare per aria la statua di marmo. Possiamo sperare che la distruzione dei Buddha di Bamiyan ad opera di *Talebani* fanatici non si ripeterà più: occorre valorizzare il patrimonio mondiale, ma evitando, per quanto possibile, di suscitare le reazioni emotive dell'una o dell'altra comunità credente.

Superare il proselitismo

Qualche anno fa, verso la fine del *ramadan*, un parroco parigino aveva inviato i suoi auguri all'*imam* del suo quartiere; la risposta fu una chiamata a convertirsi all'islam: "Ho il piacere di rivolgerle la seguente citazione: 'Popoli della Scrittura, perché non riusciamo a metterci d'accordo su un punto che sia comune alle nostre rispettive credenze, e cioè di adorare soltanto il Dio senza associargli altre divinità e che nessuno di noi serva ad altri padroni all'infuori del Dio? Se essi si tirano indietro, di' pure loro: Siate testimoni sinceri che noi siamo musulmani'" (Corano III, 64). Forse era il precursore di un nuovo atteggiamento ... Assomiglia un po' a quei cristiani in vena di proselitismo che vedono nei cattolici impegnati nel dialogo interreligioso persone che svendono la verità, visto che non proclamano ad ogni incontro le parole del credo di Nicea; così l'*imam* pensava di compiere in quel modo il suo dovere missionario.

In un paese musulmano un religioso cristiano aveva visto costruire una moschea di fronte alla chiesa: il fatto assomigliava un po' ad una provocazione; decise di andare a salutare il primo titolare: "Probabilmente mi citerà il versetto del Corano che invita all'islam, ma certamente, dopo, avremo modo di parlare di spiritualità". Sin dall'inizio l'*imam* espresse il suo dispiacere per non essere stato il primo ad andare a trovare il religioso; quel musulmano conosceva bene il Corano, ma sapeva che "l'invito all'islam" non doveva essere rivolto attraverso metodi superati; e l'incontro tra uomini di religione avvenne sotto lo sguardo di Dio.

Imparare a conoscersi nella verità

Ci sono credenti che pretendono di insegnare a credenti di altre religioni i contenuti della loro dottrina; come quel cristiano che chiedeva ad un oratore musulmano di sopprimere quei versetti del Corano che incitano alla violenza: "Basterebbe eliminare nove versetti", precisava generoso. Un esempio evidente di ingerenza negli affari interni dell'altra religione.

Un francescano, morto da poco, aveva la pretesa di conoscere l'islam meglio dei musulmani: questi ultimi non l'avevano ancora capito, ma il

Corano, in realtà, conduce alla fede cristiana! Il frate faceva un'esegesi cristiana del libro, cosa difficilmente ammissibile. L'islam è autentico nelle forme promosse dai musulmani illuminati.

Possiamo aspettarci lo stesso trattamento nei confronti della nostra fede cristiana? Quando i musulmani affermano che i profeti sono tutti uguali, che noi dovremmo mettere sullo stesso livello Mosé, Gesù e Mohammed, e ci rimproverano di rifiutare la reciprocità teologica. "Noi riconosciamo anche Gesù come profeta, ma i cristiani non vogliono fare altrettanto con il nostro". Ma per noi Gesù è il Verbo di Dio incarnato, morto e risorto, che ci ha rivelato il Padre e ci ha mandato lo Spirito santo; che un musulmano non creda a questa realtà è assolutamente comprensibile: ha il diritto di ritenere che noi siamo nell'errore, ma non può chiedere a noi di ammettere l'equivalenza tra Gesù salvatore e il profeta Issa (il nome con cui viene menzionato Gesù nel Corano, n.d.r.), come anche quella tra Gesù e Mohammed, profeta dell'islam.

Quando riusciremo a comprenderci? Dopo oltre trent'anni, mi convinco sempre più che non ci conosciamo abbastanza; abbiamo bisogno di ascoltarci, prima di dialogare; dobbiamo "addomesticarci". Rachid Benzine e Christian Delorme lo dicono in modo egregio: "Abbiamo talmente tante cose da dirci che abbiamo bisogno di tempo per poterle dire bene"[72].

---

[72] *Nous avons tant de choses à nous dire. Pour un vrai dialogue entre chrétiens et musulmans*, Paris 1997, p. 225. In Italia è uscito con il titolo *Abbiamo tante cose da dirci. Cristiani e musulmani in dialogo*, Paoline, 2000.

Dio vuole davvero la salvezza di tutti?

Un musulmano mi stava importunando; pensavo: "È proprio da stupidi pretendere di convertirmi". E tuttavia questo pseudo-incontro mi poneva delle domande: "E tu, cosa cerchi veramente frequentando questa gente?". Era possibile giustificare un incontro totalmente gratuito, in amicizia, ma nella linea tracciata del Vangelo? La Chiesa, attraverso il Concilio, aveva spinto a questo avvicinamento. E tuttavia c'erano dei brani della Scrittura che mi facevano problema: "Guai a me, se non evangelizzo!" (1Cor 9,16). "Chi è il bugiardo se non colui che nega che Gesù è il Cristo?" (1Gv 2,22). "Andate per tutto il mondo, predicate il vangelo a ogni creatura. Chi avrà creduto e sarà stato battezzato sarà salvato; ma chi non avrà creduto sarà condannato" (Mc 16,15-16). "Chi non crede è già giudicato, perché non ha creduto nel nome dell'unigenito Figlio di Dio" (Gv 3,18).

D'altra parte, vedendo dei credenti buttare gli altri nell'abisso dell'inferno, ero portato a immaginare che, per questi duri e puri, l'inferno di Dio doveva essere più di Dio stesso! Proseguendo nella lettura della Bibbia, mi veniva in mente questo pensiero: "Se Dio è grande, se Dio è buono, gli uomini devono essere salvati. Gesù non è venuto per condannare il mondo" (cfr. Gv 3,17; Lc 6,37).

La fede in Cristo Signore è un dono di Dio

Nel Vangelo secondo Giovanni (6,65), Gesù dice: "Nessuno può venire a me, se non gli è dato dal Padre". Se la fede è un dono di Dio, come condannare chi non l'ha ricevuto? Nei versetti "Chi non crede sarà condannato" e "Chi non crede è già giudicato" si tratta di coloro che già hanno ricevuto questo dono, sanno che Gesù è Dio, ma non l'accettano. Quando nella sua prima lettera lo stesso Giovanni nota: "Ci sono molti anticristi" non sta pensando né agli ebrei né ai pagani del suo tempo, né tanto meno a credenti di religioni che dovevano ancora venire, ma a dei cristiani erranti:

"Sono usciti di mezzo a noi" (1Gv 2,19).

"Se conoscessi il dono di Dio", dice Gesù alla Samaritana (Gv 4, 10). Non abbiamo ricevuto la grazia di ritenerci superiori agli altri uomini, ma di essere al servizio dell'universale bontà di Dio; quando l'apostolo Pietro arrivò a proclamare la divinità di Gesù si sentì dire: "Beato te, figlio di Giona, ma non ci sei arrivato da solo!" (cfr Mt 16,17).

Da parte sua, Paolo afferma a proposito della salvezza. "Ciò non viene da voi; è il dono di Dio" (Ef 2,8); e altrove ricorda: "È lo Spirito che vi ha reso figli adottivi e vi fa gridare *Abbà*, Padre" (cfr Rm 8,15 e Gal 4,6). Quanti in coscienza non possono chiamare Dio "Padre" e Gesù "Figlio" non hanno ricevuto questo incredibile privilegio, che dovrebbe riempirci di gratitudine e spronarci al rendimento di grazie.

Questi testi mi permettevano di capire il "Guai a me se non evangelizzo" (1Cor 9,16). La vera domanda diventava: "Ma cosa significa allora evangelizzare?". Diffondere l'amore di Dio comunicato in Gesù salvatore, o ridurre tutto questo a obbligare gli altri ad entrare nella strutture di una Chiesa? Non sarebbe stato utile rileggere gli incontri di Gesù con i pagani e i samaritani?

Passare all'altra riva e vincere la paura

"Alla sera, Gesù disse loro: Passiamo all'altra riva. I discepoli, congedata la folla, lo presero, così com'era, nella barca ... Ed ecco levarsi una gran bufera di vento ... Si fece gran bonaccia ... Perché siete così paurosi?... Giunsero all'altra riva del mare, nel paese dei Geraseni ..." (cfr Mc 4,35-5,20 passim).

Una tempesta e un incontro! Spesso si interrompe la lettura alla tempesta sedata; ma questa è solo l'introduzione ad una avventura missionaria. Anche se sono marinai, gli apostoli hanno paura della tempesta: è un fatto singolare, se non si tiene conto del seguito. Infatti, hanno un'altra ragione per essere nel timore: stanno andando tra i pagani. Tutto è scuro: il loro morale, il mare, il cielo. Tutti sanno che, lasciando la terra di Israele, si entra nel "Paese dell'ombra di morte" (Lc 1,79; cfr Gb 3,5). Questo è talmente vero che, lasciando perdere lo strano episodio della caduta dei porci nelle acque profonde, Gesù e il suo seguito sono accolti da un indemoniato[73]. Diventerà poi annunciatore della misericordia di Dio nella Decapoli, ma, al momento, gli apostoli devono attraversare la tempesta e la paura, anzi,

---

[73] Per rendere ancor più interessante l'avventura, Matteo (8,28) cita due indemoniati.

la tempesta della paura. L'altra riva non è quella del riposo, ma del combattimento! Una lotta contro il male: non solo quello degli altri, ma anche e soprattutto il nostro. Per riuscire ad arrivare all'incontro sull'altra riva, è necessario vincere, oltre al sonno di Dio, anche le tempeste esteriori, cioè il male che domina il mondo, e le tempeste interiori, la più importante delle quali è la paura di un ambiente fisico e umano inconsueto. L'incontro con l'altro esige di uscire da proprio bozzolo, dal ghetto, dalla sicurezza. Può addirittura scappare il grido: "Maestro, stiamo morendo!". Ma nel cuore della notte, al centro della tempesta, Gesù si alza: "Si fece grande bonaccia… Non abbiate paura" (4, 39-40).

Calma della natura, certo… E tuttavia Gesù rassicura solo a metà: dopo la paura per gli elementi esterni, rimane da vincere la paura interiore nei confronti dell'altro. Come incontrare questi Geraseni, figli del diavolo? Sono loro a cominciare: "Gli venne subito incontro un uomo…" (Mc 5,2). Il *rabbi* lascia che sia l'altro a prendere l'iniziativa, in modo aggressivo; solo dopo infrange il muro che esiste tra di loro liberandolo dalla sua paura. Attraverso la sua dolcezza, la sua attenzione e il suo sguardo, Gesù trasforma lo scontro in incontro. Essere in grado di ascoltare la manifestazione dello spavento dell'altro presuppone che la nostra propria paura sia stata vinta.

Continuiamo il racconto. Tutto è finito bene: l'uomo, una volta guarito, desidera seguire Gesù. Ma è Gesù che rifiuta: sembra la storia del giovane ricco, ma a rovescio. Certo, il Geraseno non era ebreo, e in quel momento poteva essere difficile ammettere un pagano convertito nel numero dei discepoli, ma Gesù avrebbe potuto approfittare proprio di quell'occasione. Il salvatore di tutti non esige che tutti passino attraverso la via sacramentale; in questo caso, affida una missione a quel cristiano di desiderio: "Com'egli saliva sulla barca, l'uomo che era stato indemoniato lo pregava di poter stare con lui. Gesù non glielo permise, ma gli disse: Va' a casa tua dai tuoi, e racconta loro le grandi cose che il Signore ti ha fatte, e come ha avuto pietà di te" (Mc 5,18). Va' a proclamare le meraviglie di Dio tra i tuoi fratelli incapaci di riconoscere il Messia universale a causa delle loro paure! Gesù ritroverà questa regione, ma per il momento ha bisogno di un Giovanni Battista di quella etnia. Leggendo Matteo (14, 34-36) e Marco (6,53-56), anche se i brani sono discussi, sembra che colui che era stato indemoniato abbia svolto bene il suo ruolo: Gesù ritorna, dopo un'altra tempesta e di nuovo l'esortazione a non avere paura; i Geraseni, contenti, accorrono portando i loro malati. La regione accetta di liberarsi dalle proprie impurità: indemoniati e porci non ci sono più.

Invece di vedere nell'altro il demonio, finendo così per condannarsi a combattere il male di cui lui sarebbe la personificazione, occorre cambiare lo sguardo. Questa conversione può avvenire solo se, insieme a Cristo, riusciamo ad attraversare l'oceano delle nostre paure e siamo disposti a correre il rischio di andare, umilmente, nel luogo dell'altro.

Gesù è il grande esorcista delle paure dell'incontro; vediamo ancora qualcuno degli incontri testimoniati dagli evangelisti.

I samaritani e i pagani

I samaritani andrebbero ricordati tra gli eretici, più che tra i pagani, ma – come succedeva anche tra di noi sino a non molto tempo fa – non si faceva una gran differenza tra i due gruppi, in terra d'Israele. Nell'episodio dei dieci lebbrosi (Lc 17,15-18), quelli ebrei si ritengono degni depositari dell'azione divina, mentre il Samaritano si sente debitore e ritorna per ringraziare; Gesù apprezza la sua preghiera: "Non si è trovato nessuno che sia tornato per dar gloria a Dio tranne questo straniero?".

L'incontro al pozzo di Giacobbe è già più noto: la Samaritana è stupefatta di vedere che Gesù si rivolge a lei, e gli apostoli ancora di più! Gesù ne approfitta per ribadire con forza: "L'ora viene che né su questo monte né a Gerusalemme adorerete il Padre" (Gv 4,21). Ci sono veri adoratori anche nella tua religione, samaritana che preghi sul monte Garizìm, e se ne trovano anche al di fuori della mia, di me ebreo fedele al tempio di Gerusalemme.

Dio è più grande delle strutture, anche di quelle che Lui stesso ha privilegiato. Non esiste altro nome nel quale possiamo essere salvati se non quello di Cristo, e la mediazione della Chiesa è necessaria, ma le sue dimensioni sono molto più estese di quanto immaginiamo; gli adoratori in spirito e verità si incontrano anche presso le altre religioni. Anche se questo capitolo del Vangelo secondo Giovanni si riferisce costantemente al battesimo, l'evangelista – e questo vale anche per gli altri incontri ricordati – non offre nessun indizio del fatto che la donna di Samaria sia diventata, dopo l'incontro della sua strada con quella di Gesù, una cristiana regolarmente registrata.

Rimane il buon samaritano (Lc 10, 29-37): non è il racconto di un episodio realmente avvenuto, si tratta di una parabola, che però la dice lunga. Si insiste sempre sull'esempio di carità offerto da questo sconosciuto; ma ci rendiamo conto dello scandalo? Affidando il ruolo del protagonista a un nemico, Gesù invita a scoprire i valori che Dio ha messo dentro di lui; non siamo chiamati solo a diffondere un messaggio, ma a riconoscere l'opera di Dio negli altri, presso i quali Lui ci ha preceduto. Gesù ha incontrato anche pagani di Roma, di Genezaret, di Tiro o di Sidone. Vediamo l'episodio dell'ufficiale romano e, più diffusamente, quella della cananea.

Il centurione di Cafarnao (Mt 8,5-13; Lc 7,1-9) dimostra un profondo senso religioso e non disprezza gli altri credenti: è arrivato a costruire una sinagoga. Gesù si inserisce nell'amicizia esistente tra gli ebrei e questo romano che ha fatto il primo passo verso di loro; non esita a sottolineare la fede di un non-ebreo e ad assicurare che molti di loro parteciperanno al banchetto del Regno: "Molti verranno da Oriente e da Occidente... ma i figli del regno saranno gettati nelle tenebre di fuori" (Mt 8,11-12). Prima di ricevere il corpo di Cristo nella comunione eucaristica, siamo invitati a fare nostra non la parola di qualche grande mistico cristiano, ma di questo pagano: "Signore, io non sono degno... ma di' soltanto una parola..." (Mt 8,8).

Per quanto riguarda la cananea, l'atteggiamento di Gesù potrebbe veramente suscitare sdegno: l'evangelista cerca di addolcire l'insulto, parlando di cagnolini, ma Gesù dice pane al pane, e dice a questa pagana "cagna"; bisognerà quindi osservare con attenzione.

Il Maestro si è ritirato nella regione di Tiro e Sidone; il gruppo che ha passato con lui le frontiere d'Israele è probabilmente composto dai soli apostoli: "Ed ecco una donna cananea di quei luoghi venne fuori e si mise a gridare: Abbi pietà di me" (Mt 15,22); portiamoci verso il centro della scena altamente drammatica.

L'altra madre del Messia?

Il contatto con una donna pagana era tabù; all'inizio si fa finta di niente, ma poi questa straniera inizia a diventare assillante: "Mandala via, perché ci grida dietro" (Mt 15,23), sbottano gli apostoli. E Gesù, per quanto sembri incredibile, è d'accordo con loro; si rifà alle idee dominanti: "Il Messia è per gli ebrei", non se ne parla nemmeno di prestare attenzione a gente di altra razza o di diversa religione. Ma la donna insiste, e la situazione si fa drammatica: non bisogna offrire le perle ai porci, né il pane ai cani; insieme ai maiali e alle capre, i cani sono gli animali impuri destinati a cibarsi dei rifiuti. La cananea, però, continua ad avere una grande stima di quest'uomo venuto dal paese degli ebrei: secondo lei non si tratta di un nemico, ma di un inviato di Dio. Non si scoraggia, ma anzi tira fuori un'espressione incredibile, che capovolge la situazione in suo favore: "Signore, anche i cagnolini mangiano delle briciole che cadono dalla tavola dei loro padroni" (Mt 15,27). Tu di me puoi pensare quello che vuoi, io continuo a credere che tu puoi guarire mia figlia; tu mi scacci, ma io credo alla tua potenza. Allora, ecco: "Donna, grande è la tua fede; ti sia fatto come vuoi!" (Mt 15,28).

Cosa è successo? Di fronte ad una simile fiducia il profeta è stato destabilizzato? Sono possibili due spiegazioni, che possono anche completarsi a vicenda.

Siamo abituati a pensare che Gesù, essendo Dio, conosceva già tutto; oggi, più che in passato, i teologi ribadiscono che Gesù, veramente uomo, ha visto precisarsi la sua missione passo passo, attraverso gli avvenimenti e il dialogo con il Padre. In questo caso avrebbe acquistato la consapevolezza di essere inviato non solo ai suoi connazionali, ma a tutti gli uomini. Questa straniera sarebbe allora la persona scelta dal Padre per rivelare a Cristo la sua funzione a livello universale. Che bello: Dio sceglie una donna senza nome, una cananea, per farne colei che in qualche modo genera il Messia alla sua missione universale. Ormai Gesù sarà il Salvatore di tutti; anche gli stranieri fanno parte della famiglia di Dio, della stessa famiglia di Gesù.

Un'altra interpretazione arricchisce questa esperienza di amore senza frontiere: abbiamo già visto quanto i nostri santi apostoli possano essere, talvolta, sciovinisti e fanatici, aggrappandosi a quanto hanno imparato al catechismo della loro sinagoga: l'antipaganesimo, speculare all'antigiudaismo; non è roba da poco… Questa donna non è delle nostre: ritorni ai suoi maiali! Bravo Gesù, che la scaccia! Ma l'attenzione cresce con il dialogo, e nasce un senso di attesa improvviso quando la Cananea chiede per sé le briciole gettate ai cani; il Maestro allora gioca il ruolo decisivo, con cui colpisce con forza lo spirito dei discepoli, per liberarli dalla loro religione chiusa su se stessa. Non si accontenta di proclamare la guarigione, ma sottolinea in modo decisivo la fede di questa pagana: "Donna, grande è la tua fede!".

"Chi non è contro di noi è con noi"

Matteo fa dire a Gesù: "Chi non è con me è contro di me" (12,30), e Marco: "Chi non è contro di noi, è per noi" (9,40). L'apparente incoerenza, di cui Luca non si accorge citando le due frasi (9,49 e 11,23), me la spiego così: quando i suoi correligionari dicono che scaccia i demoni con la potenza di Belzebù, Gesù si arrabbia e rifiuta quanti portano divisione: "Chi non è con me è contro di me; e chi non raccoglie con me, disperde" (Mt 12,30). Quando invece si tratta di fare il bene in nome di – o al modo di – Gesù, allora si rallegra e non vuole che i discepoli si sentano scavalcati: "Non glielo vietate ... Chi non è contro di noi, è per noi" (Mc 9,39.40).

Nell'Antico Testamento, già Mosè iniziava ad avere uno sguardo più penetrante rispetto ai suoi quando si augurava che lo Spirito scendesse su tutti, anche su quanti non erano nella tenda: "Un giovane corse a riferire la cosa a Mosè, e disse: Eldad e Medad profetizzano nel campo. Allora Giosuè, figlio di Nun, servo di Mosè fin dalla sua giovinezza, prese a dire: Mosè, signor mio, non glielo permettere! Ma Mosè gli rispose: Sei geloso per me? Oh, fossero pure tutti profeti nel popolo del Signore, e volesse il Signore mettere su di loro il suo Spirito!" (Num 11,27-29).

Anche Gesù non ama il settarismo: rimprovera duramente Giacomo e Giovanni per la loro richiesta di far cadere un fuoco dal cielo sui Samaritani che non volevano accogliere il Maestro, perché andava a pregare a Gerusalemme: "Signore, vuoi che diciamo che un fuoco scenda dal cielo e li consumi? Ma egli si voltò verso di loro e li sgridò ..." (Lc 9,54-55).

Arriviamo alle conclusioni: Gesù arriva al cuore delle differenze che separano gli uomini, la razza e la fede. Quando vuole indicare sino a che punto dobbiamo vivere il suo messaggio dice: "E se salutate soltanto i vostri fratelli, che fate di straordinario? Non fanno anche i pagani altrettanto?" (Mt 5,47). Quando vuole esprimere un giudizio sugli altri, considera la loro fede, la loro consistenza spirituale; crede e ribadisce alla Samaritana che la salvezza viene dagli Ebrei, ma non si preoccupa di far crescere ad ogni costo la sua istituzione di appartenenza: piuttosto la allarga perché faccia spazio anche agli altri. E questo non significa smobilitare, lasciando intendere che la pratica cultuale e sacramentale non ha importanza (è invece capitale per vivere in senso forte il resto del messaggio), ma renderci conto che dobbiamo camminare al fianco anche di quelli e quelle che Cristo stesso desidera accompagnare, attraverso di noi, lungo le strade di Tiro, di Sidone e della Decapoli.

Andare insieme verso i nostri fratelli

Ero stato invitato ad un incontro di giovani musulmani ad Abidjan: ascoltai uno studente che si lamentava per la scarsa tolleranza dei suoi compagni cristiani che non l'avevano invitato ad un incontro ecumenico; sottinteso, stava dicendo che loro, i musulmani, erano veramente troppo buoni, tant'è vero che mi avevano accolto a quella loro riunione. Il relatore era Alpha Cissé[74], che mi aveva ripetutamente chiesto di essere presente; un po' imbarazzato mi lasciò la risposta. Allora mi misi a spiegare la differenza: il dialogo interreligioso vuole far crescere l'emulazione spirituale tra credenti cristiani, musulmani, buddisti e di altre religioni; l'ecumenismo, nel significato attuale, è un cammino che si propone di giungere all'unità dottrinale tra cristiani, cattolici, protestanti e ortodossi. I suoi compagni, in quel caso, avevano avuto rispetto per la sua differente religione, per la sua fede musulmana. Mi compresero e, più che tollerato, mi sentii veramente accettato. Quella sera sperimentai la profondità dell'espressione: "Quando poi vi condurranno davanti alle sinagoghe, ai magistrati e alle autorità, non preoccupatevi del come e del che risponderete a vostra difesa, o di quello che direte" (Lc 12,11).

È certamente necessaria la distinzione tra unità nella piena comunione in Cristo, Dio e Salvatore, e l'amicizia spirituale con i credenti di altre religioni; resta il fatto che il dialogo interreligioso è una sfida che i discepoli di Gesù devono accogliere uniti. Il mondo contemporaneo ci obbliga a vivere a fianco di altri credenti: questa situazione ci dovrebbe spingere a valorizzare questo passaggio della preghiera di Gesù per l'unità: "Che siano tutti uno … affinché il mondo creda che tu mi hai mandato" (Gv 17,21). Per poter giungere a questo punto, è necessario che la nostra unità sia visibile.

Mostrare la nostra unità

In ambienti poco inclini all'ecumenismo la vicinanza con l'islam ha reso possibile qualcosa di inatteso: protestanti e cattolici si sono trovati a la-

---

[74] Vedi il Capitolo 3 della prima parte: *Alpha che Dio ci ha tolto troppo presto*.

vorare insieme. Nella mia esperienza questa situazione è iniziata con la visita di una pastore metodista visibilmente imbarazzato: gli era stato mandato un componente della sua Chiesa che voleva visitare l'Africa occidentale, in vista di un "Progetto di avvicinamento all'islam"; cosa doveva mostrargli, gli sforzi inesistenti della sua Chiesa? Se almeno quel sacerdote cattolico volesse accettare di incontrare il pastore e di dargli qualche suggerimento… Io mi trovavo quasi nella situazione di un drogato di unità cristiana in crisi di astinenza, così mi buttai su questa occasione; e poiché quell'americano, da molto tempo in Africa del Nord, doveva essere un personaggio importante, fui lasciato libero dalla parrocchia per una settimana: così avvenne la mia prima *tournée* insieme ad un ministro protestante; era il 1971.

Le missioni metodiste erano raggiungibili, ma i luoghi tenuti da società missionarie indipendenti lo erano molto meno; queste ultime vedevano in me il tipico prodotto di "Babilonia la grande"[75]. Mi capitò di chiedere ad un pastore presbiteriano di origine texana: "Don, sai se quella missione è guidata da un bianco o da un africano?". Se fosse stato un europeo o un nordamericano era prevedibile che saremmo stati ricevuti fuori dalla porta, ma se si fosse trattato di un africano potevamo stare sicuri che l'ospitalità avrebbe trionfato, anche se Donald, andando in giro con un prete cattolico, si avvicinava un po' troppo all'eresia romana… Quei due stavano battendo insieme la boscaglia per parlare del dialogo con i musulmani: vedi un po' dove può portare l'ecumenismo!

Una volta avviato il "Progetto di avvicinamento all'islam" i responsabili organizzarono un seminario in Benin: questo mi diede la gioia di poter vivere per un mese intero in un ambiente protestante. Un pastore volle assistere ad una messa domenicale; alla fine del culto nel suo tempio, partimmo per la chiesa più importante della zona; alle spalle dell'altare troneggiava una statua della Vergine abbastanza colossale: avevo paura che si sarebbe convinto che fossimo idolatri. All'uscita rimasi completamente stupefatto: il mio amico era rimasto colpito da un piccolo rito, il bacio al lezionario dopo la lettura del Vangelo. "Non sapevo che amaste la Bibbia – mi disse, aggiungendo –; il pastore di quando ero bambino ci raccomandava di non entrare in nessuna chiesa; diceva che era peccato, e spiegava: nella Scrittura è detto che la porta per entrare in Paradiso è stretta; nel nostro villaggio guardate come è larga la porta della chiesa cattolica, e quanto è piccola quella del nostro tempio". Dopo questo periodo di apertura

---

[75] Vedi Apocalisse 17,5.

all'islam, il mio collega era tornato al suo paese più che mai convinto della necessità dell'ecumenismo.

Più o meno verso lo stesso periodo, durante una riunione di studenti, il mio vicino musulmano spiegava tranquillamente che la sua religione non conosceva divisioni o scismi; diplomaticamente ricordai che gli esperti parlano di una settantina di sette nell'islam e per attutire il colpo aggiunsi: "Certo, i cristiani, nemmeno loro, possono dirsi immuni da divisioni". Quel giovane si basava su un versetto del suo Libro santo che dovrebbe spingerci ad una ricerca più intensa dell'unità: "Tra coloro che affermano: Siamo cristiani, abbiamo accettato il patto, ve ne sono alcuni che hanno scordato parte di ciò che era stato loro ricordato. Tra loro abbiamo fatto sorgere la gramigna dell'ostilità e dell'odio fino al giorno in cui saranno risuscitati" (Corano V,14). Per un musulmano questa è parola di Dio, e le nostre divisioni, e forse ancora di più i sentimenti di inimicizia tra cristiani, per lui costituiscono una prova della verità della sua fede, a scapito della nostra. Se non offriamo la testimonianza dell'amore reciproco non possiamo testimoniare la Buona Novella: impediamo a Cristo di far brillare la sua luce.

Come dimenticare la serata al *Tempio del Giubileo*, ad Abidjan? Eravamo presenti cattolici, protestanti e musulmani; avevo appena finito la mia testimonianza; qualcuno doveva già essere saltato sulla sedia. Subito dopo, quando Donald Bobb, il mio amico presbiteriano, concluse la sua relazione sulle basi del dialogo interreligioso nelle Scritture cristiane, il responsabile di un'importante comunità fondamentalista sbottò: "Se io dicessi quel che voi avete appena finito di dire, non mi riterrei più cristiano". Per i musulmani presenti era la prova provata del versetto della quinta *sura*, che abbiamo citato sopra: stavamo precipitando verso la catastrofe ... *Baba* si alzò, maestoso nel suo caffettano bianco, col suo rosario in mano, e impose il silenzio: "Abbiamo ascoltato cose così belle e forti da parte degli intervenuti, questa sera, che abbiamo bisogno di ritirarci ciascuno a casa sua per poterci riflettere sopra ...". Il programma prevedeva tre giorni di incontri: ci ritrovammo il giorno dopo, senza colui che aveva lanciato l'anatema ... Qualche anno dopo, una volta partito quel pastore, ebbi relazioni migliori con i suoi successori africani.

Nella mia esperienza, lo Spirito di Dio ha usato molto *humour*: io ho solo cercato di fargli eco, sussurrando a qualche gruppo cristiano un po' troppo chiuso: "Meno male che ci sono i musulmani a spingerci verso l'ecumenismo ...".

Mostrare in Cristo il Dio che riunisce tutti gli uomini

Cristo non è venuto per raccogliere in unità solo gli ebrei, e nemmeno solo i cristiani: "ma per riunire in uno i figli di Dio dispersi" (Gv 11,52). Spesso si dice: dispersi tra le nazioni, tra le culture; si comincia adesso a dire, più timidamente: tra le religioni. Il Cristo riunisce grazie al sangue sparso per la moltitudine, ma anche grazie alla libertà interiore che il suo Spirito fa crescere in ogni uomo aperto all'amore. I discepoli di Cristo dovrebbero essere i testimoni luminosi di quella libertà.

Ritornato in Francia, in un salone a fianco di una moschea, sentivo di un giovane convertito all'islam che, da qualche tempo, aveva messo gli occhi addosso ai buddhisti; uno dei responsabili musulmani mi fece un poco stupire: "Meglio così, piuttosto che finire tra gli integralisti". Mi aveva ricordato due convertiti al cristianesimo che avevo incontrato in Senegal: il primo, un giovane, raccontava di come l'islam aveva costituito l'occasione per la scoperta di Dio e un cammino verso Cristo; il secondo, maestro elementare di una certa età, continuava a denigrare la sua vecchia religione, basandosi su leggende medievali. Il giovane mi sembrava veramente convertito alla persona di Cristo; l'altro aveva solo cambiato divisa esteriore. Se non portiamo la libertà di Cristo, dobbiamo ricordare la parola del Signore che dice: "Guai a voi, scribi e farisei ipocriti, perché viaggiate per mare e per terra per fare un proselito; e quando lo avete fatto, lo rendete figlio della geenna il doppio di voi" (Mt 23,15).

In ogni religione esiste il dogma, la morale, il rito e la mistica. Nel cristianesimo il dogma ha per scopo di chiarire in che modo Dio sia amore; la morale deve servire a meglio cogliere i segni del Dio-Amore nella persona di Gesù; il rito consente alla comunità abitata dallo Spirito di lodare e supplicare il Dio-Amore; la mistica ravviva incessantemente nel cuore la sete del Dio-Amore. La priorità deve essere data alla mistica, ma se manca qualcuno degli altri elementi il pericolo di deviazione è vicino. La mistica senza dogma porta al relativismo; il dogma senza la mistica porta all'Inquisizione; la legge morale, isolata dal resto, è una serie di obblighi senz'anima. Il dogmatismo, il legalismo, il ritualismo e, a volte, anche il misticismo possono essere germi di integralismo. Non importa più l'amore, ma l'essere puri per essere tra i "veri" eletti; i fanatici non hanno più in vista l'incontro, ma lo scontro. Ma il Dio che disperde le guerre[76] preferisce sempre i mistici ai signori della guerra. Guidati dallo Spirito dobbiamo

---

[76] Libro di Giuditta 9,7 e 16,2.

tentare di amare gli altri come li ama il Padre, come il Signore Gesù. La nostra vita deve essere un richiamo alla libertà, all'apertura di spirito: questo farà sperimentare agli altri il gusto di incontrarci, e di incontrare Colui che cammina davanti a loro e davanti a noi.

Accettare di lasciarsi *de-centrare*

Il "Progetto di avvicinamento all'islam" progrediva, con il suo sforzo di "coscientizzazione": furono organizzate sessioni pastorali; venni invitato a condividere le mie riflessioni, con l'accordo che sarebbe stato presente anche un oratore musulmano. Avevo ottenuto il consenso di uno di essi, ma quando si trattò di andarlo a prendere scoppiò la rivoluzione. Gli uditori, rigidi protestanti, erano già stati ad ascoltare un prete cattolico: non bisognava esagerare! In fondo alla sala mordevo il freno, e già mi vedevo costretto a dire all'invitato che aveva preparato per niente il suo intervento per quei cristiani. Nel giro di un'ora anche i più reticenti finirono per accettare: respiravo, ma ancora per poco. *Baba*, che passai a salutare, mi informò della malattia, forse diplomatica, del conferenziere; di fronte alla mia espressione, aggiunse: "Non te la prendere: ci vengo io!". Come ho già detto, il mio "papà" musulmano era sordo e parlava male il francese; non era esattamente l'intellettuale che ci si aspettava! Salimmo insieme sulla tribuna; non ero proprio tranquillo: lui parlava e io pregavo. Mentre ascoltavo distrattamente, sentivo proprio quello che bisognava evitare di dire a dei cristiani non proprio portati alle devozioni cattoliche: la bella statua della Vergine che aveva visto dalle suore, e il buon Monsignor Tale con i suoi bei vestiti in quella cerimonia … Tornai alla mia preghiera; quando *baba* finì scrosciarono gli applausi e anche i più critici fecero la fila per stringere la mano al musulmano e al cattolico. Cos'era successo? Non erano stati colpiti dalla conferenza; avevano cambiato il loro modo di vedere e toccato con mano, se si può dire, cosa poteva essere l'incontro rispettoso con l'altro. Non avevano più paura di perdere la loro anima, e così scoprivano che l'altro, con la sua fede diversa, non era il nemico.

Accettare la diversità e fare che l'altro diventi un compagno, richiede di lasciarsi *de-centrare*: occorre lasciare il centro a Cristo, invece che far ruotare gli altri attorno alla nostra percezione della verità. Questo non significa essere d'accordo con tutto ciò che l'altro fa o pensa, ma solamente tentare di fare ciò che Dio fa con noi: nonostante tutto ciò che mi separa da Lui e tutto quello che Lui non vorrebbe vedere in me, mi accoglie come suo figlio. Rifiutare di riconoscere nell'altro il fratello che Dio mi mette a fianco, perché la sua diversità mi irrita, probabilmente è molto umano, ma certamente non è un atteggiamento che deriva dalla nostra fede.

Il 27 ottobre del 1986, ad Assisi, le diverse delegazioni si ritirarono per molte ore a pregare e digiunare, ogni religione nel suo luogo particolare; i cristiani si raccolsero nella Cattedrale nella quale Francesco e Chiara erano stati battezzati. I discepoli di Cristo si erano lasciati decentrare per accogliere la volontà del Padre e, contemporaneamente, l'ecumenismo era apparso più facile, più naturale, addirittura più necessario per offrire l'immagine di una comunione che respira del Dio Padre e Amore, che vive del Cristo innamorato degli uomini, che riconosce l'azione dello Spirito nel cuore delle altre comunità credenti e oranti. Accogliendo il rischio dell'altro, i capi delle Chiese cristiane avevano accettato di "prendere il largo" (cfr. Lc 5,4).

Una sfida da accogliere oggi

La sfida che le religioni costituiscono per la nostra unità può finalmente essere accolta: attraverso il Consiglio ecumenico delle Chiese, il Concilio Vaticano II e la Giornata di preghiera per la pace di Assisi, lo Spirito ha compiuto il suo lavoro. Possiamo finalmente renderci conto che Egli premia non la guerra, ma l'incontro sull'altra riva, sulla quale Gesù stesso sta preparando il banchetto per festeggiare il fatto di ritrovarsi insieme: "Appena scesi a terra, videro un fuoco di brace con del pesce sopra, e del pane… Gesù disse loro: Venite a mangiare. E nessuno dei discepoli osava domandargli: Chi sei?, poiché sapevano bene che era il Signore" (Gv 21,9.12).

Dobbiamo annunciare il messaggio di Gesù, ma insieme; se ancora non è possibile nell'unità della fede, l'annuncio è però sin d'ora possibile attraverso il segno dell'unità d'amore. Dobbiamo seguire le orme del Signore nella Galilea delle genti: se lo facciamo senza comunione presenteremo un catalogo di verità aride, non il Signore dell'unità e della riunione di tutti i figli di Dio dispersi, il Dio Padre e Amore. Non si tratta di cadere in un relativismo dottrinale, ma di presentare una Chiesa ben salda nella propria fede e, allo stesso tempo, aperta ad un amore che supera le mura. Non possiamo tacere la nostra fede, e i musulmani dovrebbero capire che i diritti che essi giustamente rivendicano in Occidente sono gli stessi che reclamano gli altri credenti: il rispetto totale, dei musulmani e dei cristiani, in nome dei diritti umani, in Occidente e in terra d'islam. Da parte sua, il radicalismo che si ritiene evangelico, che mette la lettera della Bibbia al di sopra della persona del Salvatore, elimina l'amore e l'ascolto dell'altro in favore di un presunto vantaggio della fede, mentre rischia di rendere vana l'incarnazione del Verbo. Come prendere le distanze da certi gruppi cristiani, altrettanto intrattabili quanto quelli contro cui si battono? In molti paesi hanno messo in moto campagne dette "di evangelizzazione", facendo testimoniare contro la loro antica fede dei nuovi battezzati provenienti dall'islam: con la conseguenza che molti musulmani, non solo i radicali, non riescono più a cogliere la differenza tra questi idolatri della parola e l'insieme dei cristiani che desiderano offrire un aiuto sociale, praticare un dialogo gratuito, testimoniare l'Amore senza attendersi un utile immediato.

Annuncio e dialogo possono stare bene insieme, ma non senza tensioni; e tuttavia una comunità ecclesiale tutta tesa alla difesa del suo sistema è solo in apparenza sicura di sé. L'equilibrio sarà sempre da verificare, ma è comunque bene ricordare che la Chiesa nasce a Cafarnao, un crocevia delle nazioni, vicino al mare di Galilea, un lago ricco di tempeste. Una chiesa aperta sentirà sempre risuonare le parole di Cristo: "Siate miei discepoli... Non abbiate paura... Prendete il largo... Io sono con voi tutti i giorni sino alla fine del mondo". In altre parole: Se non potete gridare la vostra fede *sopra* i tetti, vivetela *sotto* i tetti. Quanto alle esigenze dell'amore, le potete vivere anche oltre le frontiere, sopra i tetti, dappertutto. Quando è impossibile la proclamazione, smettete di lamentarvi: potete comunque annunciare il mio messaggio. Non vi ho lasciato un libro, per quanto santo, ma il mio corpo offerto e il mio sangue versato per tutti.

Pur riconoscendo le nostre differenze come cristiani, al livello di comunione a cui oggi siamo giunti, possiamo presentarci insieme, come fratelli; cinquant'anni fa non sarebbe stato possibile. L'ecumenismo è iniziato sul serio all'inizio del XX secolo, quando di fronte ad altre religioni gli asiatici ci hanno insegnato a preparare tra noi autentici cammini di comunione[77]. Le Chiese hanno messo da parte il settarismo: l'incontro con gli altri credenti dovrebbe consentire a gruppi che si richiamano al cristianesimo di aprirsi al Cristo che raduna in unità. Allora la nostra Chiesa cristiana sarà in grado di presentarsi, sorridendo, sulle rive degli altri.

"E se date il saluto soltanto ai vostri fratelli, che cosa fate di straordina-

---

[77] Nel 1910, al congresso di Edinburgo, un cristiano cinese o indiano suscitò l'emozione dell'intera assemblea chiedendo di portare Cristo e non le divisioni. Cfr. M.-J. Le Guillou *Mission et Unité. Les exigences de la communion*, Paris 1960, p. 44.

rio? Non fanno così anche i pagani? Siate voi dunque perfetti come è perfetto il Padre vostro celeste" (Mt 5,47-48). L'incontro con gli altri credenti permette di vivere con verità questa parola. Poiché abbiamo creduto di essere gli unici degni di stare con Dio, noi soli, abbiamo dovuto compiere un percorso di riconciliazione; non avendo riconosciuto agli altri cristiani questa dignità, abbiamo avuto bisogno di imparare a vivere questa parola tra di noi. Ma l'insistenza di Gesù sull'*ordinario* e lo *straordinario* ha di mira un'altra situazione; la frase "Se date il saluto soltanto ai vostri fratelli ..." riconosce, almeno di fatto, il pluralismo religioso: siamo spinti da Cristo ad un amore fraterno che faccia uscire il cristiano dalla propria isola.

Eloi Leclerc, parlando di Francesco d'Assisi che cammina verso i Saraceni, usa questa frase, immensa come il mare: "Era uscito dalla cristianità temporale ed era, in tal modo, maggiormente penetrato nelle profondità del mistero della Chiesa"[78].

---

[78] Eloi Leclerc, *La tenerezza del Padre*, Milano 2000, p. 188.

Avanzare disarmati insieme a Cristo

Riflettendosi nello specchio del Signore e del suo Vangelo, Francesco d'Assisi non poteva sentirsi troppo a suo agio in un sistema che rafforzava le frontiere; nessuno, però, alla sua epoca, si rese conto del suo cammino.

La povertà e la fraternità sono due grandi valori francescani: eppure i frati sono arrivati a massacrarsi a vicenda in nome di *madonna Povertà*. Francesco, non pensando a sé come ad un fondatore di un Ordine, definiva il suo gruppo una *fraternità*; e quando dovette accettarne la responsabilità non scelse l'appellativo "Ordine dei piccoli poveri", ma "Ordine dei frati minori". Una parte della sua visione ha avuto il sopravvento sull'altra: il valore della povertà ha trovato il suo posto, quello della fraternità non ha spiccato il volo. Oggi la fraternità viene riconosciuta tanto importante quanto la povertà; nel linguaggio contemporaneo "frate minore" si traduce come piccolo fratello di tutti; la fraternità non elimina la povertà, come il valore della povertà non può esistere senza inglobare il desiderio di fraternità universale.

La visita al sultano

Nella prima parte di questo libro ho raccontato l'incontro tra Francesco d'Assisi e il sultano Al Malik al-Kamil[79]; l'atteggiamento di Francesco risalterà meglio se confrontato con quello dei cristiani del suo tempo; per descrivere la mentalità del suo ambiente, sarà sufficiente dare un occhio ad alcuni francescani che hanno preso la strada del Marocco, mentre il loro fratello e padre si imbarcava per Acri. Talmente presi dall'idea di offrire la propria vita a Dio, pensando di rendergli onore, rischiarono di essere martirizzati già a Siviglia, allora dominio musulmano. Mandati in Marocco (nell'odierna Marrakesh) si affrettarono nuovamente anche qui a insultare la fede islamica; il sultano al Mustansir non aveva la stessa magnanimità di quello d'Egitto, e i frati non erano Francesco d'Assisi: insistettero talmente

---

[79] Vedi il paragrafo "Francesco d'Assisi al di là delle mura", p. 17.

sull'inferno, nel quale il Profeta dell'islam attendeva i suoi seguaci, che il Capo dei credenti venne incontro alla loro sete di martirio ad ogni costo. Alla fine di gennaio del 1220 cinque frati minori pensarono di raggiungere in Paradiso colui che li aveva inviati in missione, ma si ritrovarono soli.

La Chiesa della cristianità si rispecchiò nel modello di Marrakesh e dimenticò l'avventura di frate Francesco: c'erano tante cose da ammirare nella vita di questo sant'uomo, ma la visita al capo dei nemici musulmani ...

Il santo di Assisi è controcorrente già solo per questo incontro; lo è anche per queste righe della *Regola* che mostrano come non fosse dispiaciuto della sua visita al sultano: "I frati poi che vanno tra gli infedeli, possono comportarsi spiritualmente in mezzo a loro in due modi. Un modo è che non facciano liti né dispute, ma siano soggetti ad ogni creatura umana per amore di Dio e confessino di essere cristiani. L'altro modo è che, quando vedranno che piace al Signore, annunzino la parola di Dio perché essi credano in Dio onnipotente Padre e Figlio e Spirito Santo, Creatore di tutte le cose, e nel Figlio Redentore e Salvatore, e siano battezzati, e si facciano cristiani" (Rnb XVI, 5-7: FF 43). Ci sono quindi due metodi per evangelizzare: il secondo è quello tradizionale, che mira alla costituzione della Chiesa in tutte le sue dimensioni sacramentali e sociali; il primo era talmente fuori dal comune che non venne conservato. Riassumiamolo: "essere soggetti" all'autorità musulmana in tutto ciò che non riguarda la fede e "vivere tra" come testimonianza del Dio Amore, Padre di Gesù e Padre di tutti noi. Questa semplice via, agli occhi di Francesco, è sufficiente, perchè consente di seguire le orme di Gesù a Nazaret. Francesco è controcorrente per l'evento dell'incontro e per la *Regola*; lo è anche per il silenzio. Venuto per ottenere il martirio e annunciare il Vangelo ai suoi fratelli redenti dal sangue di Cristo, si sarà accorto, ripartendo, che era venuto a Damietta come in un pellegrinaggio? Uscito dal sepolcro di Gerusalemme, Gesù era presente, con il suo Spirito, in coloro che Francesco incontrava sull'altra riva: ma questo non lo poteva dire. All'epoca in cui l'islam è visto come la bestia dell'Apocalisse e i papi si esprimono con durezza, il pellegrino di Damietta non dice una parola, non fa un gesto contro i musulmani.

Purtroppo, lo strano pellegrino non è stato compreso!

Per lunghi secoli il racconto dei martiri torturati dagli infedeli ha nutrito, oltre che la pietà, anche altri aspetti meno raccomandabili, come il fascino per l'orrore e il disprezzo per gli infami persecutori. Ma un altro concetto inizia ad elevarsi all'altezza del martirio: quello di incontro. Questa forma "moderna" è stata anticipata otto secoli fa da Francesco d'Assisi.

Per il cammino che ci si apre davanti nel mondo interreligioso in cui siamo entrati, tutti noi, cristiani, musulmani, ebrei, buddisti, indù, agnostici o atei, riflettendo sulla visita al sultano possiamo cogliere qualche orientamento che ci aiuta ad andare avanti.

Uscire dalle mura e andare al di là del mare

Nel libro dei *Fioretti*, gli abitanti di Gubbio sono rinchiusi nella loro paura del lupo, e il lupo è circondato dalla paura degli uomini. Il timore del lupo rende gli uomini aggressivi, quando devono uscire dalle mura per andare nei campi; il lupo, per saziare la fame, si sente in dovere di attaccare gli uomini. Francesco passa per caso e coglie l'atmosfera di oppressione che lì si respira; allora, da solo, va ad affrontare il lupo, in nome di colui che ha vinto l'odio. E l'odio si dissolve una volta che i due contendenti abbandonano la loro paura reciproca: la caduta delle mura crea fraternità, l'animale diventa familiare a tutti e "giammai nessuno cane gli abbaiava drieto" (Fior XXI, FF: 1852).

Francesco d'Assisi è stato capace di sciogliere la paura che armava le città italiane le une contro le altre, ma ancor di più ha distrutto mura: quelle tra quanti stanno bene e quanti stanno male, andando a stare con i lebbrosi, fisicamente esclusi dalla società del suo tempo; quelle tra i benpensanti e i malpensanti, andando a cercare i "fratelli ladroni" che si nascondevano nel bosco, i moralmente esclusi; infine attraversando il Mediterraneo ha cercato di abbattere le mura tra fedeli e infedeli, spiritualmente esclusi. Il Poverello "Circondava di un amore indicibile la Madre di Gesù, perché aveva reso nostro fratello il Signore della maestà" (2Cel 198: FF 786): ogni uomo era quindi suo fratello. San Bonaventura scrive: "L'eccesso della devozione e della carità lo innalzava alle realtà divine in maniera tale che la sua affettuosa bontà si espandeva verso coloro che natura e grazia rendevano suoi consorti. Non c'è da meravigliarsi: come la pietà del cuore lo aveva reso fratello di tutte le altre creature, così la carità di Cristo lo rendeva ancor più intensamente fratello di coloro che portano in sé l'immagine del Creatore e sono stati redenti dal sangue del Redentore" (LM IX, 4: FF 1168).

Francesco non ha mai né eliminato né approvato la diversità che gli si mostrava in ciascuna delle persone che incontrava sulla sua strada: semplicemente accettava quella diversità come qualcosa che veniva da un fratello. *Baba* Sakho pensava un po' come lui, quando un giorno mi disse: "Amare quel che Dio vuole significa aumentare la tua bellezza; odiare quel che Dio vuole significa aumentare la tua bruttezza. Dio ha creato il musulmano: se tu, cristiano, dici che il musulmano è questo o quello, perdi tempo. Non puoi ammazzarlo, quindi bisogna amarlo: è un credente! Un credente deve pensare il bene, dire il bene, fare il bene"[80].

Per incontrare i lebbrosi Francesco è uscito dalle mura di Assisi per recarsi nella piana sottostante; per incontrare i ladroni è andato più lontano, nella foresta; per andare tra i musulmani ha fatto un cammino molto più avventuroso, ha scelto la via del mare. Che poca prudenza nel volere sin dall'inizio abbandonare il suo Ordine: umanamente, una pazzia! D'altronde, nel 1217, il cardinale Ugolino aveva impedito a Francesco di partire per la Francia; ma la tenacia missionaria di Francesco era più forte della sua prudenza ecclesiastica. Probabilmente cercò di non incontrare il futuro Gregorio IX quando stava per superare la "grande muraglia", uscendo dalla cristianità in armi. Per la sua professione evangelica, era uno che anelava all'altra riva; senza aver paura di trovarsi dove c'erano fratture, come dice Mons. Claverie: "Va a situarsi là dove due mondi si affrontano e si rifiutano; come Gesù, ha posto la sua vita presso le fratture dell'umanità e ne porterà le stimmate nel corpo e nell'anima. A mani nude, e a braccia aperte, offre la sua vita non alla morte, ma all'incontro con l'altro, con fiducia nella, e in vista della, riconciliazione"[81].

L'incontro e il martirio

Noi non siamo esortati al martirio, siamo invitati all'incontro! Padre Charles de Foucauld e i suoi seguaci, uomini e donne, nell'Algeria contemporanea ce ne offrono uno splendido esempio: "Nessuno ha un amore più grande di questo: dare la vita per i propri amici" (Gv 15,13). L'autentico martirio segue l'incontro. Ma allora il martirio deve essere cercato? Secondo una certa tradizione sembrerebbe di sì; ma ci sono tre obiezioni:

- il candidato deve sapere che il suo desiderio, per essere tradotto in realtà, costringe al peccato il suo uccisore;

- avere questo desiderio significa non amare il proprio "fratello ladrone", secondo la bella espressione del priore di Notre Dame de l'Atlas. Sul Golgota, Gesù non ha insultato quelli che l'insultavano, anzi …

- infine, un omicidio può risvegliare uno spirito di vendetta e di odio, con la tentazione di generalizzare: "Tutti i musulmani sono fanatici". Dopo

---

[80] Ami de Dieu et notre ami cit., p. 37.
[81] G. JEUSSET, Francesco e il sultano cit., pag. 14.

aver ricordato questo tipo di possibilità, Christian de Chergé, nel suo testamento, ha magnificamente riassunto il problema: "Non riesco ad augurarmi una morte simile. Mi sembra importante confessarlo".

Il martirio senza incontro significa dimenticare l'intera vita di Gesù, e soprattutto la sua morte senz'odio; frutto del modello di una cristianità assediata o assediante, non è conforme al Vangelo e all'autentica tradizione della Chiesa. Sei anni dopo la loro morte, è interessante notare la reticenza papale sullo zelo dei martiri di Marrakesh: in una lettera scritta il 20 febbraio del 1226 Onorio III chiede all'arcivescovo di Toledo di inviare in Marocco frati predicatori e minori "prudenti, discreti, zelatori delle anime ... Che si dedichino con cautela a quanti stanno fuori, non da insensati, indiscreti e impetuosi, ma come saggi, prudenti, di età matura come conviene". Thomas Beckett, martire nel 1170 nella sua cattedrale di Canterbury, ha scritto: "Il martire non desidera nulla per se stesso, neanche la gloria del martire". Era una frase che aveva il suo posto nella Trappa di Tibhirine.

Aprire le porte alla cortesia di Dio

Francesco era consapevole di andare verso un incontro senza martirio; l'idea che aveva di Dio poteva forse fargli prevedere un miracolo: la conversione del sultano; l'idea che aveva dei musulmani poteva quasi renderlo certo del martirio di sangue. Ma, nel suo modo di vivere e di predicare, Francesco non opponeva un sistema a un altro sistema: fu grazie a questo fatto che avvenne l'incontro. Lo Spirito di Dio che lo spingeva raggiungeva lo stesso Spirito di Dio che lavorava nel cuore del sultano. Il libro dei *Fioretti* fa dire a Francesco che "la cortesia è una delle proprietà di Dio" (Fior XXXVII, FF: 1871); attraverso la sua presenza tra quei credenti dell'islam il piccolo fratello universale apriva le porte alla cortesia di Dio che ci trasforma rispettando sempre la libertà che ci ha donato come grazia. Lo Spirito santo è lo sconosciuto della Trinità, forse perché lo riduciamo ai suoi simboli: fuoco, colomba, soffio; non abbiamo davvero compreso che è presente in questo mondo che porta in sé il Regno; l'inno allo Spirito santo della liturgia del giorno di Pentecoste sottolinea: "Senza la tua divina potenza non esiste nulla, in alcun uomo, nulla che non sia corrotto". Significa che quando scopriamo meraviglie negli altri lo Spirito è all'opera.

Lo Spirito non è solamente colui che ci spinge: è anche colui che ci precede. Entrando nella casa dell'altro, andiamo ad incontrare lo Spirito di Cristo seminato nel suo cuore per scoprirlo, cantare la sua presenza e solo dopo, se Dio lo vuole, incoraggiare il cammino verso la scoperta di Cristo Salvatore.

Francesco d'Assisi, a Damietta, ha scoperto degli oranti, non è stato martire a causa della sua cortesia; a Marrakesh i primi frati hanno "guadagnato" il martirio a causa degli oltraggi al profeta dell'islam. In quel tempo di crociate, il martirio come suicidio-per-Dio è stato approvato dalla maggioranza: non significa, però, che fosse una scelta evangelica; a Damietta il piccolo fratello si è reso conto che l'incontro era più importante del martirio di sangue. Damietta è l'incontro senza martirio, Marrakesh il martirio senza incontro. Marrakesh è lo scontro tra due ghetti, Damietta l'incontro sulla riva dell'altro. Marrakesh è lo spirito di crociata, Damietta lo spirito di Assisi!

Per Francesco, lo scopo non è più il martirio, ma l'incontro con il fratello; se questi rifiuta e attacca, può arrivare la morte o la fuga: nell'uno o nell'altro caso, ciò che conta è conservare in sé l'amore per il fratello-nemico. Meglio fuggire che odiare! Il capitolo XVI della *Regola non bollata* di Francesco termina con una serie di citazioni prese dal discorso di invio in missione dei sinottici, ma Francesco elimina: "Scuotete la polvere dai vostri calzari" di Matteo (10,14) e Marco (6,11), come anche l'aggiunta di Luca (9,5): "Come testimonianza contro di loro". Sembra quasi che già vedesse la situazione di Marrakesh imporsi come modello; e questo timore sembra confermato dalla scelta di un'altra citazione stupefacente: "Quando vi perseguiteranno in una città, fuggite in un'altra" (Mt 10,23); una scelta che appare più comprensibile se si legge quanto Francesco scrive nel suo *Testamento*: "Dovunque non saranno accolti, fuggano in altra terra a fare penitenza con la benedizione di Dio" (2 Test 26: FF 123). Mentre il missionario può essere preso dalla tentazione di disprezzare gli altri, il pellegrino di Damietta consiglia di convertirsi sempre più al Signore.

Cantare Dio che è all'opera negli altri

"Una volta un frate gli domandò perché raccogliesse con tanta premura perfino gli scritti dei pagani e quelli che certamente non contenevano il nome di Dio, egli rispose: Figlio mio, perché vi sono le lettere con cui si può comporre il santissimo nome del Signore Iddio; d'altronde, ogni bene che vi si trova, non va riferito ai pagani o ad altri uomini, ma soltanto a Dio, fonte di qualsiasi bene!" (1 Cel 82: FF 463).

Cercando Dio nell'altro, lo troveremo in quei valori che il Concilio ci invita a contemplare come capaci di portare "un raggio di quella verità che illumina ogni uomo"[82]; e questo ci spinge a cantare: ci viene donato di cantare Dio nell'altro quando abbiamo accettato di non essere i proprietari di Dio, e quando la diversità dell'altro ha smesso di apparirci come un insulto alla nostra religione.

È un canto che non ha nulla di una danza infantile: il famoso *Cantico di Frate Sole*, chiamato anche *Cantico delle Creature* (FF 263), non è solamente una lauda poetica e cortese della natura: termina con due strofe sul perdono tra gli uomini e sull'accoglienza della morte:

> Laudato si', mi' Signore, per quelli ke perdonano per lo Tuo amore
> e sostengo infirmitate e tribulazione.
> Beati quelli ke 'l sosterrano in pace,
> ka da Te, Altissimo, sirano incoronati.
>
> Laudato si', mi' Signore, per sora nostra Morte corporale,
> da la quale nullu homo vivente po' skappare:
> guai a quelli ke morrano ne le peccata mortali;
> beati quelli ke trovarà ne le Tue santissime voluntati,
> ka la morte secunda no 'l farrà male.

Il giullare di Dio, partendo per andare presso i saraceni, era spinto dal desiderio di allargare le dimensioni visibili della fraternità, non da chissà quale ingenuità o da quale candida allegria un po' poco illuminata, che a volte, a torto o a ragione, si percepisce leggendo i *Fioretti*. Il carisma francescano della riconciliazione si nutre, allo stesso tempo, della gioia di vedere lo Spirito di Dio all'opera in tutto l'universo, e dal combattimento, coscientemente accettato sino alla morte, in favore della fraternità universale nel nome di Cristo. La gioia, se rimane sola e rifiuta la durezza della battaglia in favore della giustizia, della pace, dell'amore, può portare all'ingenuità; la lotta per allargare le dimensioni della fraternità, se non è sostenuta da uno sguardo positivo, spirituale e gioioso, può portare alla disperazione.

Come l'incontro di Francesco d'Assisi con Malik al-Kamil costituisce una fonte, così anche la giornata di preghiera per la pace ad Assisi del 27 ottobre del 1986 è da "fiutare" come il vento, per far sorgere uno spirito nuovo, una nuova vita tra i credenti. Damietta veniva ad Assisi ad incontrare l'uomo dell'incontro, sulla riva di quest'ultimo. La *djellaba*

---

[82] Concilio Vaticano II, *Nostra Aetate*, 2.

musulmana e la tonaca color zafferano dei monaci buddhisti si mettevano a fianco dell'abito francescano. Lungo quell'anno il Papa chiese spesso di "iniziare un cammino comune"; un mese prima del gran giorno diceva: "Sì, le nostre differenze sono molte e profonde. Esse non di rado, nel passato, sono state anche causa di dolorosi confronti … La comune fede in Dio ha un valore fondamentale. Essa, facendoci riconoscere tutte le persone come creature di Dio, ci fa scoprire l'universale fratellanza. Per questo vogliamo iniziare un cammino comune con il nostro incontro ad Assisi"[83]. Chesterton ha definito la visita al sultano "una delle grandi ipotesi della storia"[84]. Il cammino comune iniziato ad Assisi avrebbe potuto cominciare otto secoli prima se, dalle due rive del Nilo, si fosse prestata attenzione allo Spirito di Dio che parlava attraverso Malik al-Kamil e Francesco d'Assisi.

---

[83] GIOVANNI PAOLO II, *Angelus*, 28 settembre 1986.
[84] G.K. CHESTERTON, *Francesco d'Assisi*, Napoli 1990, p. 100.

Una tenda da nomadi al cuore delle religioni

Ancora oggi, passando per le strade del Cairo, è possibile vedere Christian Van Nispen andare, con la tonaca, in bicicletta, scivolando tra gli ingorghi. Vedendo quel gesuita filare davanti alla nostra automobile mentre stavamo andando a un incontro comune, mi venne da pensare più a don Camillo che a un islamologo di primo piano; la sua cortesia, unita alla sua sapienza, riescono a riportare sulla via del dialogo chiunque avesse avuto la tentazione dello scoraggiamento[85]. Un giorno mi portò da Marie Kahil: nata da padre egiziano e da madre albanese, questa donna di 85 anni era considerata dai cattolici quasi una madre della Chiesa. Portammo la conversazione su Louis Massignon: "Era un uomo straordinario, diceva lei. Un giorno mi ha portata a Damietta e vi abbiamo fondato la *Badalyia*[86]; là, sull'altare, mi ha costretta a donare la mia vita per loro (i musulmani). Al ritorno ero contenta: allora ero alla ricerca della mia vocazione".

All'inizio dell'incontro mi era sembrata delusa, disillusa, invitava sin troppo alla prudenza, ma poco a poco si rianimava. Dopo aver detto chiaramente che la *Badalyia* era morta, improvvisamente chiede a Christian di ricominciarla con lei; nonostante l'età e le disavventure legate alla confisca delle terre di famiglia avvenuta sotto Nasser, il personaggio non ha perso per niente la sua energia. Come dimenticare la sua riflessione finale: "La Chiesa è piena di giudeo-cristiani che hanno paura, sono conservatori, limitano la Chiesa!".

Al cuore delle religioni

E tuttavia è cambiata, la mia Chiesa, a partire dal buon Papa Giovanni

---

[85] Mentre consegno il mio manoscritto, sto leggendo con profitto un libro di questo amico carissimo: C. Van Nispen, *Chrétiens et Musulmans, frères devant Dieu?*, Ivry-sur-Seine, 2009; edizione italiana: *Cristiani e musulmani: fratelli davanti a Dio?*, Marcianum, Venezia 2006.

[86] Nello spirito del fondatore, la *Badalyia* era, oltre che un movimento di preghiera per i musulmani riconosciuti come fratelli da amare e rispettare, anche uno spazio di riflessione e di incontro tra le comunità dei credenti.

che ci ha fatto uscire dal ghetto; ha ancora rughe, la vecchia signora, ma la giovinezza ha ripreso la sua parte, nonostante i timorosi che si affrettano a tirare il freno. Se Paolo VI e Giovanni Paolo II hanno talvolta rallentato la marcia su alcune piste che ritenevano insicure, nessuno ha paura nel continuare la strada del dialogo. Tanti cristiani, uomini e donne, sparsi negli angoli del mondo, farebbero bene a seguire i passi del vescovo di Roma quando vuole andare più avanti nel rapporto con le religioni. A partire da Giovanni XXIII i *Pontifices* situano la Chiesa sempre più in mezzo alle religioni; un po' come dice il profeta Isaia:

"Allarga lo spazio della tua tenda,
stendi i teli della tua dimora senza risparmio,
allunga le cordicelle, rinforza i tuoi paletti,
poiché ti allargherai a destra e a sinistra
e la tua discendenza entrerà in possesso delle nazioni,
popolerà le città un tempo deserte" (Is 54,2-3).

Quando sono arrivato a comprendere che, senza sogni di annessione e senza tradire la mia fede, potevo accogliere gli altri nella mia Chiesa diventata come una tenda di nomadi, si è trattato per me di una grande liberazione. All'inizio del XX secolo, Teresa di Lisieux, all'interno del suo Carmelo, aveva colto la chiamata a situarsi al cuore della Madre Chiesa: "Allora, nell'eccesso della mi gioia, ho gridato: O Gesù, mio Amore … Ho trovato finalmente la mia vocazione: è l'Amore. Sì, ho trovato il mio posto nella Chiesa, e questo posto, mio Dio, me l'avete dato voi … Nel cuore della Chiesa, mia madre, io sarò l'Amore"[87].

Posso osare dire: "Nel cuore del mondo tu, Chiesa mia Madre, sarai l'Amore. Al cuore delle religioni, ancora di più ti vorrei veder splendere come Amore, perché sarai veramente *Luce delle nazioni*[88], riflesso e sacramento di Padre, Figlio e Spirito, unico Dio Amore e Relazione".

Una Chiesa che riconosce il ruolo della testimonianza

La mia Chiesa è una tenda di nomadi piantata fra due campi opposti. Francesco d'Assisi diceva nella sua *Regola*: "Quelli che vogliono andare tra i saraceni, vadano con la benedizione di Dio." Specialmente in questo secolo ci sono stati uomini e donne che si sono appostati sulle frontiere della

---

[87] Manoscritto B (folio3v).
[88] Sono le prime parole del grande testo del Vaticano II sulla Chiesa così come si vede oggi a partire dalle fonti della Scrittura: *Lumen gentium*.

paura per meglio farle saltare. Alla luce di questo nascondimento, simile a quello di Gesù di Nazaret, faccio fatica a comprendere perché, quando una Chiesa non ha la possibilità di presentarsi con tutta la sua struttura sacramentale, ancora si debba esitare a vedere in quei testimoni del Dio Amore e Padre degli autentici evangelizzatori.

Restringere l'evangelizzazione alla catechesi significa ridurre la Buona Novella ad un elenco di affermazioni da imparare a memoria; certo, queste donne e questi uomini che vivono in un ambiente non-cristiano sarebbero contenti di vedere i loro amici raggiungerli, tramite il battesimo, nella loro Chiesa ... Ma se rimangono per quaranta o cinquant'anni in mezzo a loro, lo fanno con l'unico scopo di far *respirare* la vita di Gesù, Evangelo di Dio tra le nazioni.

Che profondità la nota del Cardinal Walter Kasper indirizzata a credenti ebrei stupiti dal testo della *Dominus Iesus*: "Il termine evangelizzazione, nei documenti ufficiali della Chiesa, non può essere compreso nel senso che ha comunemente nel linguaggio quotidiano. Nel suo stretto significato teologico, evangelizzazione è un termine generale e indica una realtà molto complessa. Comporta presenza e testimonianza, preghiera e liturgia, proclamazione e catechesi, dialogo e azione sociale. Ma la presenza e la testimonianza, la preghiera e la liturgia, il dialogo e l'azione sociale, che fanno tutti parte dell'evangelizzazione, non hanno come scopo quello di aumentare il numero dei cattolici. In questo senso l'evangelizzazione, compresa nel suo senso proprio e teologico, non implica alcun tentativo di proselitismo"[89].

Aspetto il giorno in cui sarà detto finalmente a chiare lettere: Voi, gli *emissari segreti* della Chiesa, che potete parlare di Cristo solo attraverso le vostre vite, siete degli evangelizzatori a pieno titolo, perché state preparando i *vostri* al regno eterno dell'Amore!

Riconoscere Dio nell'ospitalità dell'altro

Le melodie del Priorato benedettino di Keur Moussa in Senegal sono conosciute e apprezzate perfino in Europa; un quarto di secolo fa, ma sarà senz'altro vero anche oggi, la celebrazione dell'Ufficio liturgico attirava al monastero cristiani, ma anche musulmani, giovani letterati o contadini analfabeti. I poveri di Allah si ritrovavano nella preghiera dei Salmi. Un monaco mi raccontava dei suoi ottimi rapporti con un giovane marabù:

---

[89] 7 ottobre 2001.

nel rispetto totale dell'esperienza spirituale dei loro visitatori, si indirizza-
vano a vicenda i giovani in ricerca: "È come se facessi direzione spirituale:
qualcuno viene a trovarmi ogni quindici giorni", mi diceva il monaco.

Dall'altra parte dell'Africa occidentale, in Benin, Paul Quillet, della Società dei Missionari d'Africa, ha trascorso una ventina d'anni tra i *peuls*; il suo
arrivederci la dice lunga sull'ospitalità ricevuta e donata: "Grazie a voi, *peuls*,
ai musulmani e a tutti gli amici africani. Tra di voi ho vissuto la missione in
modo del tutto differente da quello che avevo immaginato. Accogliendomi
mi avete costretto a superare le barriere della mia cultura umana e cristiana
per guardare agli uomini con lo sguardo di Dio. Quando sono stato capace di
riconoscere quel che voi eravate, voi avete potuto riconoscere quel che io ero.
Mi avete aiutato a conoscere meglio il cuore di Dio che Gesù ci ha rivelato:
Dio che ci ama umilmente, nella condizione di servo. Insieme a voi mi rendo
conto di essere cresciuto in umanità e di essere cresciuto davanti a Dio".

In Tunisia, Marius Gareau, autore di un delizioso libricino intitolato
La rose de l'imam, racconta l'ospitalità ricevuta da un musulmano che assomiglia molto al mio "papà" musulmano: quando ci siamo incontrati per la
prima volta, è stato come se due fratelli che non si erano mai visti si ricono-
scessero per aver vissuto la stessa esperienza, uno in un paese arabo l'altro
in Africa nera. Scrive: "La vigilia di una grande festa religiosa, andavo a fare
gli auguri a Si Ali, come ero solito fare; sua moglie e i suoi figli ci stavano
intorno; Najjia, la figlia di diciassette anni, portò una rosa bianca ... Il padre
le disse: 'Quella rosa, regalala al nostro amico, perché ha un gran valore: è
più bella del più bel diamante, è più preziosa di monili d'oro... È il segno
della nostra amicizia spirituale, perché la carne, la materia, non vale niente,
è lo spirito che conta e vivifica ogni cosa ...'. E io ringraziavo per quel che
sentivo"[90]. Un'altra volta, Si Ali disse al sacerdote. "Tu sei un adoratore di
Dio, più degli altri: chiedi la pace! La tua preghiera ha più valore davanti a
Dio. Dio non vuole che si versi il sangue; Dio non vuole la morte di nessun
uomo, tanto meno quella dei fratelli dello stesso paese. Questa mattina, preoccupato per tutto questo, nel desiderio di vincere ogni forma di violenza,
ho evitato di schiacciare delle formiche, perché sono creature di Dio. E cosa
dire del valore di un uomo, che ha lo spirito e un'anima immortale? Se vogliamo incontrare Dio la riconciliazione è indispensabile, perché è detto:
Dio non rivolge il suo sguardo su chi rifiuta la riconciliazione"[91].

---

[90] M. GAREAU *La rose de l'imam*, Paris 1983, p. 28. Edito in Italia con il titolo *La rosa dell'Imam*,
EMI, Bologna 1997.
[91] *Ivi*, p. 49.

Riconoscere Dio nella preghiera dell'altro

Nel sud di quello stesso paese, difficile da raggiungere, alcune religiose francescane e alcune suore di una fraternità ispirata a Charles De Foucauld vivevano da anni, felici di pregare tra i musulmani. Rinunciavano all'Eucaristia, che potevano celebrare solo due volte al mese, ritenendo talmente grande il sacramento del fratello e il servizio del lavare i piedi. La settimana di Natale era stato un grande dono reciproco: la loro meditazione, come succede a molti altri in terre d'islam, consisteva nella contemplazione della trascendenza di Dio e della sua incarnazione; era rendimento di grazie per l'opera dello Spirito nelle loro sorelle e nei loro fratelli credenti; era intercessione per le loro debolezze e per quelle del popolo in mezzo al quale il Signore le aveva mandate. Per raggiungere il centro parrocchiale dovevano percorrere centonovanta chilometri; là il parroco mi propose di "respirare la santità della Tunisia". L'espressione mi affascinava: partimmo in direzione di un mausoleo. Un'anziana donna, che aveva votato la sua vita di nubile al santone musulmano che vi era venerato, accoglieva i pellegrini sulla collina, che dominava un paesaggio grandioso. Mentre il sacerdote meditava, dedicandosi alla pittura, io mi sentivo portato a rendere grazie per quel devoto musulmano che, anche al di là della morte, continuava ad attirare gente. L'orizzonte aperto spingeva ad allargare il cuore alle dimensioni del mondo, e la lode si faceva universale per la santità nascosta o rivelata da Dio in tutte le religioni.

Questo cammino di riconoscimento divino nella preghiera dell'altro è riservato a coloro che sono dispersi in terre musulmane? Grazie a Dio, no! I cattolici benestanti della Costa d'Avorio sono felici di potersi recare a Roma e a Gerusalemme; insieme ad Alpha Cissé, il direttore dell'Istituto geografico, ci venne l'idea di far dialogare alcuni pellegrini delle due religioni; gli uomini che erano stati scelti avevano rifiutato con freddezza l'invito, così arrivai a casa del nostro ospite insieme a tre cristiane, pensando che forse non sarebbe stata una cosa troppo impegnativa. Ma in barba alle previsioni, ecco davanti a noi tre musulmane. Nei loro rispettivi luoghi santi, tutte si erano sentite più vicine a Dio, confermate nella fede e nell'amore, decise a vivere più da vicino la Parola, più legate ai loro correligionari; e quella sera si aggiungeva il bisogno di stabilire un legame più stretto con gli altri credenti, per allargare la comunione. L'opera dello Spirito sembrava quasi palpabile; alla fine Alpha mi chiese di guidare la preghiera, insieme ad uno dei suoi amici presenti. Prima di recitare la *fatiha*, quest'ultimo disse in francese: "Nel nome di Allah clemente e misericordioso! Tu ami la generosità, perdonaci in questa vita e nella vita futura salvaci dalla punizione dell'inferno. O Signore, tu sei misericordioso, tu ami la generosità: perdona i nostri peccati. O Allah, ti supplico di non lasciare nessuno dei nostri errori senza perdono, né alcuna preoccupazione senza sollievo. Signore non lasciare senza conclusione nessun affare di questo mondo né dell'altro, se tu lo giudichi buono per te e utile per noi. O Allah, donaci ciò che è meglio in questa vita e nella vita futura!". A mio volta, prima di recitare il Padre nostro, improvvisai: "Signore, Dio nostro: ci hai radunati insieme questa sera per raccontarci quello che ha arricchito le nostre vite in questi pellegrinaggi. Abbiamo compiuto la tua volontà, abbiamo cercato la tua presenza e abbiamo sperimentato la tua gioia. O Signore, padrone del mondo, tu che ci custodisci, tu che sei vicino a noi, tu che sei in noi, poni nei nostri cuori una fede sempre più forte e un amore di te e dei nostri fratelli che cresca ogni giorno. Insegnaci ad amare gli altri come tu ami noi; insegnaci a servire gli altri; insegnaci a camminare insieme verso di te, rispettandoci gli uni gli altri nella nostra religione, perché sappiamo che i muri di separazione e delle nostre differenze non arrivano sino a te e che in te tutti insieme ci ritroviamo".

Raccontando un giorno quella serata orante a un gruppo di protestanti un poco perplessi, aggiunsi: "Secondo una tradizione musulmana, quando due uomini camminano insieme, sempre si unisce a loro un terzo: è Allah. Non è necessario che io vi ricordi il mirabile racconto dei discepoli di Emmaus. Ecco, quella sera credo che Dio sia passato tra di noi. Non si trattava di far entrare in qualcuno un messaggio che quello, più o meno, già conosceva: ma ognuno, senza concessioni dottrinali, ha detto quanto la sua fede era stata rafforzata. Possiamo stare a polemizzare sino alla fine del mondo senza grandi risultati: lo stiamo facendo da più di tredici secoli, la fede non ci ha guadagnato molto e la carità è stata dimenticata. Meglio amarsi e rispettarsi, ascoltarsi gli uni gli altri con la stessa pazienza che Dio ha nei confronti degli uomini: ci avvicineremo così a Dio che ci aspetta.

La strada del dialogo è un cammino di Emmaus

Dio ci prepara la tavola, ma, per giungere alla comunione spirituale tra le nostre comunità credenti, la strada è ancora lunga. Ci sono credenti che soffrono a causa di altri credenti; spesso andiamo avanti a tentoni e l'*Ostello dell'Incontro*, nel villaggio di Emmaus, a più di uno appare troppo lontano. Ci vorrà tempo per far nascere la fiducia che apre all'avvenire. Ma ai credenti non può bastare accontentarsi di una coabitazione pacifica: abbiamo davanti un avvenire eterno in comune; camminando insieme sulla strada di Dio possiamo aiutarci ad andare nella stessa direzione. Ogni credente, non essendo più prigioniero di un passato che escludeva l'altro sino all'aldilà, può sperare che il cammino percorso porterà ad un'unica casa. Non è certamente pensabile fondere insieme la fede cristiana e quella musulmana, ma è possibile camminare insieme vivendo secondo la pietà che proviene dalle nostre spiritualità.

I musulmani non possono riconoscere Dio in Gesù, ma i credenti delle due religioni sanno di camminare sotto gli occhi di Dio, sottomessi a lui e fiduciosi nella sua misericordia; è questo che li tiene saldi nelle sere della prova. Per i musulmani, il Corano è il Verbo "ruminato" nella meditazione quotidiana; per noi cristiani, Gesù è il Verbo che cammina con noi e che riconosciamo anche nella notte più scura, da quando, una sera, ha accettato l'invito: "Resta con noi perché si fa sera e il giorno già volge al declino. Egli entrò per rimanere con loro. Quando fu a tavola con loro, prese il pane, disse la benedizione, lo spezzò e lo diede loro. Allora si aprirono loro gli occhi e lo riconobbero. Ma lui sparì dalla loro vista. Ed essi si dissero l'un l'altro: Non ci ardeva forse il cuore nel petto mentre conversava con noi lungo il cammino, quando ci spiegava le Scritture?" (Lc 24,29-32).

Per i cristiani, ma, in qualche modo, anche per tutti i credenti, la strada dell'incontro è il cammino di Emmaus: due uomini procedono insieme a colui che presto li illuminerà.

Un giorno *baba* mi dice: "*Yaya*, che cos'è più facile: andare in cielo o andare all'inferno?". Pensando a coloro che non credono al dialogo, e che continuano ad accusare: "Voi non evangelizzate", mi viene voglia di dire la parola di Gesù sulla strada larga che porta all'inferno (Mt 7,13-14), ma sento che ne sta pensando qualcuna delle sue e sto zitto. Allora continua: "È più facile andare in cielo!". Visto che continuo a stare zitto, si agita e mi chiede: "Vuoi sapere perché?" "Non aspetto altro!". E la conclusione, allora, si alza solenne: "Per andare all'inferno bisogna odiare gli uomini: per me, è impossibile".

"Prendi il largo"… nello spirito di Assisi

In una lettera programmatica all'inizio del terzo millennio, la più alta autorità ecclesiastica ha esortato al cammino riprendendo le parole di Cristo: "Prendi il largo". A motivo dei suoi pentimenti e della sua esperienza, la Chiesa potrebbe aggiungere: nello spirito di Assisi!

Lungo il ventesimo secolo siamo arrivati a capire che noi non siamo la pasta, ma solo il sale e il lievito evangelici nella pasta; abbiamo imparato ad incontrare positivamente, amichevolmente gli atei e gli agnostici. Più recentemente abbiamo visto arrivare credenti di altre religioni; questi ultimi non sono della nostra stessa cultura. Quando qualcuno di origine europea passa all'islam, sentiamo quasi uno strappo che ci spinge a rifiutare questi nuovi arrivati che sembrano voler prendere in trappola dei fratelli della nostra *razza*. Così, spesso, ritorna nei confronti di questa religione il disprezzo tipico di un altro tempo.

La nostra epoca è di rottura rispetto ad un periodo lunghissimo: il Concilio Vaticano II ha preso atto ufficialmente che non eravamo più in regime di cristianità; dobbiamo quindi rallegrarci del fatto che, dopo il Concilio, lo spirito di Assisi ci abbia ricondotti alla sorgente evangelica; non dobbiamo continuamente attualizzare l'atteggiamento di Gesù?

Spirito d'Assisi e spirito di crociata

A Damietta, Francesco d'Assisi è riuscito nell'incontro perché amava i musulmani; è riuscito a dialogare con il sultano perché era senz'armi, in balia del potere degli uomini come era in balia di quello di Dio. Mendicante, seguace del Cristo nudo, ha saputo incontrare il cuore di un re. In quanto disarmato, era disarmante.

Qualunque sia la sua religione, l'integralista parla poco di Dio, al di là di qualche slogan ripetitivo; preferisce parlare dell'ordine sociale, dell'istituzione, del potere da stabilire, il suo potere nel quale rinchiude il suo "idolo".

Il musulmano sa di essere senza potere di fronte ad Allah, di cui è il servitore, e non può arrogarsi il diritto, riservato a Dio, di giudicare gli uomini; il discepolo di Gesù sa di essere senza potere di fonte al Padre, nei confronti del quale è sempre un figliol prodigo; ugualmente, è senza potere sugli uomini, perché Gesù gli ha insegnato a lavar loro i piedi. Gli integralismi non guidano alla pace: come potrebbero condurre a Dio, se secondo i musulmani uno dei nomi di Dio è proprio *Salam*, la pace? Come potrebbero guidare al Padre, che vuole la salvezza di tutti, a Cristo, che non condanna nessuno, allo Spirito che soffia dove vuole la vita e la pace, non l'odio o la morte?

San Francesco aveva proposto ai suoi di andare a vivere come "piccoli" tra i non-cristiani, anche se questi non volevano sentir parlare del battesimo; questa coabitazione spirituale non fu compresa perché cristiani e musulmani erano prigionieri di una mentalità da guerra santa. In questo terzo millennio nel quale assistiamo ad un rinascere delle violenze che segnarono l'inizio del secondo, è utile ascoltare e rivivere l'avventura di Francesco d'Assisi.

Sì alla guerra santa contro se stessi; no alla guerra santa contro gli altri! Questo tipo di guerra è una mostruosità che giustifica ogni orrore attraverso la pretesa di difendere l'onore di Dio: ma è un dio generato dall'odio. Non si può uccidere in nome di Dio; Gesù non crede in un dio di quel genere: è il primo *ateo* nei confronti di un simile idolo.

Lo spirito di Assisi non è un nuovo nome dello spirito francescano: non ne costituisce il prolungamento. È una sua parte, ma non una parte qualunque: quella che i secoli di cristianità hanno nascosto sotto lo spirito di crociata. *Entrare nello spirito di Assisi significa abbandonare lo spirito di crociata.* Lo spirito di crociata è uno spirito di ghetto che rifiuta di conoscere l'altro dall'interno, prima di giudicarlo, non è disposto al cambiamento di pensiero che potrebbe disarmare l'arsenale interiore e demotivare lo slancio al combattimento. Lo spirito di crociata vuole che i sensi siano anestetizzati per non vedere il bene.

Un giorno venne al Segretariato per i rapporti con l'Islam un seguace di mons. Marcel Lefebvre che preparava una tesi sul dialogo islamocristiano nella Chiesa di Francia; mi chiese: "Su cosa vi appoggiate? Quali sono le vostre fonti?". Risposi: "Il Vangelo e il Concilio". Dalla conversazione, così come è riportata nel suo testo, il Vangelo è scomparso; quell'uomo sincero, non lo metto in dubbio, aveva ricordato solo quello che voleva sentirsi dire: il dialogo non si basa sulla vera fede cattolica, ma sull'eresia conciliare! Come è sottile la tentazione di chiudere le orecchie in nome della verità che si pretende di possedere, vista come un'arma da usare contro gli altri. Lo spirito di Assisi ci insegna ad ascoltare l'altro, ad accoglierlo, a non parlare di lui senza aver prima camminato con lui.

La posta in gioco dello spirito di Assisi

Quando mi trovavo in Costa d'Avorio cercavo anche di incontrare quei gruppi che uniscono il cristianesimo alle credenze tradizionali; la loro tolleranza e la loro accoglienza mi hanno sempre colpito. Così, mi è capitato di frequentare un uomo che i suoi fedeli chiamavano il Profeta Papanouveau, a Toukouzou, vicino al "mio villaggio" di Addah[92]. Un giorno arrivo proprio al momento di una celebrazione; gli abitanti del mio villaggio mi invitano ad entrare, forzando un poco i custodi che stavano alla porta; io dico che sarebbe meglio avvisare il mio vecchio amico Papanouveau, ciò che viene fatto con qualche resistenza da un adepto cui era affidato il ruolo di sorvegliante; poco dopo ritorna con un atteggiamento di grande rispetto: il Profeta ci aspetta. Il culto si è interrotto; coloro che mi guidano entrano trionfanti, mentre io cerco di farmi più piccolo che posso... Nella chiesa tutti osservano quel bianco e riflettono sull'onore che gli viene concesso dal rappresentante di Dio sulla terra. Quest'ultimo rivela la nostra amicizia alle quattrocento persone circa che quel giorno lo ascoltavano, e mi chiede di parlare a loro; ho appena il tempo di dire al Signore: "Senti, tu lo sai che non c'entro niente, ma è per te ed è certamente per causa tua che sono in questo guaio. Non dimenticare che hai detto: Quando sarete davanti alle sinagoghe non state a preoccuparvi per ciò che direte: lo Spirito del Padre vostro provvederà. Ecco: non lasciarmi solo". Me la cavai: non era possibile proclamare che esiste un unico Salvatore, ma era comunque possibile l'esortazione ad ascoltare Dio presente nei loro cuori. Ho insistito sulla mia stima nei confronti del loro profeta; ho sottolineato che gli uomini di religione hanno il dovere di capirsi per fare in modo che la pace regni sulla terra: il Creatore vuole la fraternità, nonostante la diversità della pelle e della religione. Senza enfasi ho aggiunto: "Il mio Signore, Gesù, è venuto sulla terra per dirci che noi siamo non solo creature, ma anche figli di Dio, nostro Padre". Sono stato ascoltato in religioso silenzio perché ero amico e avevo rispetto di loro.

La posta in gioco è quella di permettere a tutti di raggiungere la piaz-

---

[92] A proposito di Addah, vedi il paragrafo "L'islam africano", p. 62.

za dell'incontro, di permettere all'altro di "respirare", di essere se stesso, di esprimersi in tutta libertà e senza aggressività, in uno spazio comune nel quale i credenti, ma anche quanti non riescono a credere, possano parlarsi e apprezzarsi.

Lo spirito di Assisi consiste nell'*uscire dalle mura* e nel rinunciare a mettere un'etnia, una classe sociale o una religione all'interno di una "riserva indiana"; non siamo più ai tempi del quartiere ebraico del Medioevo, ma il razzismo di tipo religioso, che consiste nel gettare discredito sull'altro, conduce allo stesso risultato. Lo spirito di guerra santa persiste sino a quando si continua a istillare, a far cadere goccia a goccia il disprezzo; la tentazione di catalogare la fede altrui attraverso un giudizio negativo sulla sua dottrina, o attraverso i suoi integralisti, continua ad essere forte. Infelici quanti giudicano un'altra religione senza prima cercare il credente che ne vive!

Lo spirito di Assisi e l'identità specifica

Spirito di Assisi significa accettare la differenza. Bisogna apprezzare le convergenze, ma esistono le differenze: per tanti secoli abbiamo creduto che queste ultime avessero bisogno di scomuniche e di ripiegamento identitario; l'incontro era vissuto solo sotto l'angolatura dello scontro, verbale o armato. Ancora oggi, qualcuno vuole trascinarci su questo sentiero: resistiamo! Conservando comunque i nostri dogmi che si oppongono, dobbiamo far saltare le mura psicologiche costruite tra noi a causa delle differenze dottrinali.

L'annuncio della propria fede è un dovere, almeno per cristiani e musulmani, ogni volta che la situazione lo consente; ma proclamare esplicitamente la propria fede significa cantare il cuore della propria vita senza esigere che l'altro mi ascolti, e tanto meno che dica: *Amen!*

Come vivere la propria differenza, senza ridurre la propria fede? Ognuno deve fare questo sforzo e vivere a fondo la propria via, nel rispetto della strada dell'altro. Per noi cristiani si tratta *anzitutto* di *vivere e testimoniare* l'esperienza trinitaria dell'amore condiviso: tutti siamo inviati dal Padre ai fratelli e alle sorelle per seguire le orme di Gesù e aprire le porte alla cortesia dello Spirito che ci precede nell'altro. Una straordinaria avventura di fraternità senza frontiere.

Lo spirito di Assisi, dopo l'incontro famoso del 27 ottobre del 1986, e tutto quel che ne è seguito, significa non solo credere, ma anche *vedere* che lo Spirito santo può trasformarci, cambiare me e l'incredulo; e ancora, significa, per chi lo accetta, procedere verso la trasparenza. Ringraziando Dio per le nostre somiglianze e nel rispetto delle differenze, incoraggiarsi a vivere secondo la nostra coscienza davanti a Dio e davanti agli uomini: ecco in cosa consiste l'emulazione spirituale.

Dilatare la nostra fede e il nostro amore

Impegnarsi nello spirito di Assisi non significa restringere, ma al contrario dilatare la nostra fede, anche se la strada somiglia più ad un sentiero nella foresta che ad un bel viale. Occorre accettare di essere, a volte, malvisti, e ripetere spesso il nostro desiderio di vivere insieme, senza volontà di potenza. Non si tratta assolutamente di lasciarsi schiacciare, ma di camminare ben dritti con l'umiltà di un uomo libero che si vuole piccolo e fraterno per meglio accostare l'altro. Come diceva il santo sacerdote Paul Couturier, grande pioniere dell'ecumenismo: "Si procede dall'amore alla verità. Voler fare il contrario significa voler piantare un albero all'inverso"[93].

È necessario partecipare ai dolori di tutti: accogliamo questa sottolineatura dai nostri fratelli e sorelle buddhisti per non essere tentati di dimenticare con quale intensità Gesù l'ha vissuta: è lui che ci chiama ad imitarlo in questo ministero di guarigione.

Bisogna evitare ad ogni costo gli anatemi. Ancor di più: per essere autentica e venire dal cuore, la misericordia deve essere colorata di ottimismo (cfr. Rom 12,8). In una lettera pastorale alla Diocesi di Milano, l'allora cardinale Giovanni Battista Montini (il futuro papa Paolo VI) così anticipava il cammino del Vaticano II: "Avremo un Concilio di riforme positive, più che punitive; di esortazioni, più che di anatemi". E più oltre: "L'ottimismo di Papa Giovanni si è diffuso per tutta la Chiesa, affinando la nostra sensibilità".

Soprattutto, bisogna passare alla riva dell'altro a mani nude, ma con la testa e il cuore pieni. Mi capitò una volta di andare da un *imam* della Costa d'Avorio molto simpatico: fissammo un appuntamento per il giorno seguente alla moschea. Arrivo e vedo vicino a lui un tipo poco sorridente: devo prepararmi a qualche polemica, visto che mi viene presentato come un predicatore che sta facendo il giro delle moschee? Cerco comunque di rimanere sereno e inizio ricordando la necessità dell'amore condiviso tra i credenti; che sorpresa quando mi dice: "Noi facciamo lo stesso lavoro:

---

[93] Citato dalla rivista *Chemins neufs* II p. 34.

siamo ambedue missionari che portano la Parola di Dio agli uomini perché obbediscano a lui e così imparino ad andare d'accordo". Anche oggi, a volte, devo vincere la paura, quando prendo il bel rischio dell'incontro; non ce n'è bisogno solo quando parto disarmato, con la fiducia nello Spirito che non ci lascia cadere sulla riva dell'altro.

La grande sfida per i cristiani e per i musulmani

Tra *baba* e i suoi interlocutori la fiducia era totale; la rapidità con cui si instaurò tra di noi non era la norma, è vero. Purtroppo incontriamo tanta gente meno interessata alle realtà dello Spirito; ma non bisogna confondere prudenza e diffidenza.

L'esperienza aiuta ad essere meno ingenui, ma non deve rendere torbida la purezza evangelica dello sguardo. L'ingenuità non vede il male, in sé o negli altri; lo sguardo evangelico, lucido di fronte al male e al bene, somiglia a quello di una donna il cui figlio è in prigione. *Baba* diceva: "Un ladro è un ladro, ma per una mamma, suo figlio non è un ladro, rimane suo figlio". La madre preferirebbe amare suo figlio con un amore gioioso; lo ama con un amore sofferente, ma con la stessa tenerezza, una tenerezza crocifissa. Alla scuola di Cristo, la scoperta di un ostacolo all'amore, pur esortando ad un sano realismo, diventa un motivo ulteriore per amare di più.

La diffidenza è un'eredità del lunghissimo faccia a faccia tra gli occidentali e l'islam arabo e turco: le invasioni arabe, le crociate, la *Reconquista*, la lotta contro gli ottomani, le persecuzioni, le espulsioni, gli atti di pirateria sulle due rive del Mediterraneo, con la conseguente deportazione degli schiavi, il colonialismo e le guerre d'indipendenza, e infine il neo-colonialismo e le diverse violenze attuali, hanno caratterizzato quattordici secoli di una storia quasi sempre conflittuale. L'Occidente non conosce il mondo musulmano e il mondo musulmano non conosce l'Occidente perché, al di là di poche persone, non si sono mai veramente incontrati. Anche se una certa vigilanza è necessaria, l'approccio all'altro, ferito come noi nella sua memoria collettiva dalle aggressioni e dalla guerra reciproca, deve essere caratterizzato dalla serenità, per non uccidere sin dall'inizio la fiducia.

La cosa diventa più complicata nel caso in cui uno dei protagonisti abbia dei retropensieri, non necessariamente machiavellici, ma che derivano da una strategia pedagogica che vuole convincere l'altro a venire a raggiungerlo all'interno delle proprie mura. La fiducia, è stato detto e ridetto, si basa sull'accettazione delle differenze; quando l'altro le vuole sopprimere, o quando io sospetto che abbia questa intenzione, l'appuntamento potrà dare gioia, ma non si trasformerà in un autentico incontro. L'incontro dipende da me e dipende anche dall'altro: ognuno deve assumersi il compito di tenere pulito di fronte alla propria porta, ognuno deve purificare il proprio sguardo, facendo memoria del positivo che c'è nell'altro.

Dappertutto nel mondo, quando cristiani e musulmani sono motivati da un cambiamento di clima nei loro rapporti, il seme di Dio feconda la terra; come nella parabola, la terra che riceve il seme e quella che sta intorno non è sempre fertile, ma secondo il detto attribuito a Guglielmo d'Orange: "Non è necessario sperare per iniziare; né riuscire per perseverare". "Uno semina e un altro miete" dice Gesù (Gv 4,37): bisogna esserne convinti per tener duro; bisogna avanzare nel campo, senza il gesto solenne del seminatore, con l'umiltà di chi affida tutto al padrone della messe.

Prima di vedere il dialogo dottrinale fiorire come una rosa o una bougainville, bisogna lasciare che si elevi il canto del vivere insieme. La condivisione della vita è la ricchezza dei poveri: per poterla veder fiorire al gran sole di Dio, nonostante tutti i venti contrari, ci vorrebbero degli araldi che andassero a proclamare al popolo dei semplici cristiani e musulmani del mondo intero: "Continuate a volervi bene! Non ascoltate quanti pensano che sia inutile o pericoloso. Voi state seminando per l'avvenire facendo crescere in noi il gusto dell'incontro".

Conclusione: uscire dalle mura

Ci sono uomini e donne di ogni fede che sono ben radicati nel terzo millennio grazie alla salda volontà di avanzare insieme sulla strada dell'umanità; ci sono cristiani e musulmani che sognano di una Chiesa e di un islam fuori dalle mura. Dio mi ha dato la grazia di rendermene conto attraverso il rapporto con il mio vecchio *baba*.

Nel seno di Abramo

La notizia della sua morte mi fu portata da un universitario che si diceva animista e da Myriam, giovane ebrea che stava partendo per gli Stati Uniti. Scrissi in fretta un biglietto a tutti i miei amici: "A voi che conoscete il mio legame con lui non posso tardare a comunicare la notizia. Nonostante il mio dolore è una Buona Novella: il mio vecchio *baba* è andato verso il suo e nostro Signore il 21 febbraio 1997. Una delle numerose "figlie" di *baba*, proveniente da Abidjan, me l'ha comunicato ieri: era presente tra la folla musulmana, rigorosamente in bianco, che affollava la *Avenue 21* di Treichville; ha avuto la grazia di vivere quell'avvenimento a cui avrei tanto desiderato partecipare. Non so se erano presenti molti cristiani all'inumazione: *baba* aveva abbastanza amici provenienti da tutte le confessioni religiose: se non ci sono stati sacerdoti, sicuramente ci saranno stati dei laici. Dall'alto dei cieli, *baba* non avrebbe apprezzato un funerale senza la preghiera degli "altri", e di sicuro l'avrà gentilmente fatto presente a Dio. Ho riletto ieri sera un piccolo brano del libro *Ami de Dieu et notre ami*[94], e ho pensato che le idee di *baba* raccolte da Raymond Deniel s.j., morto nell'agosto del '96, e da me, suo figlio *Yaya*, prendono ora un aspetto nuovo: *baba* di colpo mi si è fatto presente in queste memorie scritte. Forse, per me diventerà una guida spirituale più importante da morto che da vivo. Due anni fa, il mio vecchio, che si avvicinava ai 92 anni, aveva dettato a una collaboratrice: "Di' a *Yaya* di prepararsi a veni-

---

[94] Cfr. nota 21, p. 29.

re a rendermi l'omaggio funebre". Ma immaginavo di poter avere ancora l'occasione di rivederlo in Africa, dimenticando che ambedue abbiamo offerto il sacrificio della separazione per la causa della riconciliazione. Nel febbraio del 1987, durante il rinfresco per la mia partenza, preparato all'ombra di una moschea, aveva detto che accettava di lasciarmi andare e di benedire il mio cammino solo perché dovevo portare attraverso il mondo la parola di riconciliazione tra le nostre due comunità. Aggiunse che sarebbe stato egoista, da parte sua, tenermi tutto per sé, nonostante tutto l'amore che ci legava. Mi tornano in mente alcuni momenti forti … Ci sono alcune frasi che sicuramente mi seguiranno sino a quando ci ritroveremo *nel seno di Abramo*.

Devo tacere la mia convinzione per la paura di stupire? Ho visto vivere un santo musulmano, e sono portato a credere che si tratti della grazia più grande della mia vita sacerdotale; per la mia ordinazione avevo chiesto ai Fratelli di Taizé un'immagine con la frase "Che tutti siano uno": mi suggerirono di accettarne un'altra con una frase sulla pesca miracolosa. A me, che volevo appassionarmi all'ecumenismo, il Signore ha chiesto di gettare le reti più lontano, in acque profonde. "Riunire i figli dispersi" nelle religioni: *baba* mi ha concesso di realizzare questa meraviglia, anzitutto con lui, come una parabola. Senza alcun sincretismo, con le nostre differenze di fede, a cui eravamo legati; e con la nostra volontà di camminare insieme verso quel Dio che ci ama … Ho potuto ammirare lo Spirito che ci precede sull'altra riva e ci attende nel cuore dei non-cristiani. Il mio ruolo di sacerdote e di francescano, spesso, ha consistito nell'aggiungere una strofa al *Cantico delle creature* …

A-Dio, *baba*: tienimi un posto vicino a te. Non dimenticarti di salutare per me Francesco d'Assisi, il nostro ispiratore comune sul cammino del dialogo. E non dimenticare che ho ancora tanto bisogno di te per vivere il ministero della riconciliazione.

Che eredità!

Due mesi dopo, eravamo almeno una trentina di amici riuniti per fare memoria. I ricercatori (in sociologia, etnologia, o di altre discipline, che lo andavano a trovare nel suo cortile) avevano preparato l'invito, iniziando con un detto del nostro vecchio: "Le colline e gli uomini non si somigliano: dalla cima di una collina è impossibile saltare sulla cima di un'altra collina; ma dalle spalle di un uomo si può raggiungere un altro uomo".

Avevano aggiunto: "Per i suoi figli e le sue figlie ricercatori, El Hajj Sakho Boubacar era il porto di pace dove potevamo riprendere forza, coraggio e ispirazione dopo i periodi più o meno fruttuosi trascorsi sui luoghi delle nostre ricerche. Il suo amore appassionato per il sapere e per i libri era tale che si metteva a vibrare ogni volta che riceveva anche il più piccolo dei nostri scritti … La separazione fa male, ma che eredità!".

Quella serata, in cui credenti e agnostici celebravano la vita e la morte di *baba* Sakho, si svolse presso il Segretariato per i rapporti con l'islam della Conferenza episcopale francese; furono accolti tutti i pensieri, come sarebbe piaciuto a *baba*. Il mio contributo non poteva che essere una lode a Dio; cercai di attualizzare una preghiera composta nei primi anni del mio ministero di riconciliazione:

"Laudato si' ancora, o Signore della tenerezza,
che hai voluto rivelare l'intimità del tuo amore
per Gesù, che *baba*, a volte, pregava nel cuore della notte.
Laudato si', Signore di bellezza,
per aver donato El Hajj Boubacar Gamby Sakho
a tutti questi ricercatori partiti per cantare la terra d'Africa,
quelli e quelle che stasera sono qui,
quelli e quelle che non hanno potuto esserci.
Laudato si' per il dono che lui è stato per tutti i suoi figli e figlie
che si sentono migliori
grazie all'amore universale che ha saputo comunicare loro.

Laudato si', Signore di bontà,
per *baba*, questo dono al cuore della mia fede cristiana
e per tutto quello che lui è stato al cuore del mio amore
per te e per gli altri.
Per il nome di *Yaya* che mi ha reso suo figlio e suo discepolo
sii benedetto!
E sia lodato il tuo nome, Allah,
per il tuo sguardo d'amore che ci ha accompagnato
quando andavamo insieme verso te e verso gli altri.

Insieme a *baba* e a tutti coloro che, finalmente,
ora conoscono il tuo volto di pace, di gioia, di luce;
insieme a tutti coloro che si chinano davanti a te
e che, in mezzo a tutti gli spiriti beati,

danzano di gioia alla tua presenza,
Dio grande, Padre nostro, noi ti acclamiamo!".
I pionieri sono morti, ma il loro lavoro non è stato inutile. Da tanti ambienti si sta formando un popolo di credenti che vogliono *iniziare un cammino comune*. La difficoltà non consiste tanto nell'accettare l'altro, quanto
nell'accettarlo rimanendo se stessi.

Il sogno dei giovani trova un'espressione concreta in incontri nei quali
la convivialità è la regola; il pellegrinaggio è un cammino fisico e spirituale
verso un "aldilà" del quotidiano, non per evadere da questo, ma per viverlo
meglio. Non è forse, l'esperienza delle Giornate mondiali della Gioventù
(Gmg)? Questa condivisione delle gioie e delle difficoltà, la comunione
fraterna e l'emulazione spirituale per meglio camminare verso Dio potrebbero, in qualche caso, aprirsi anche a giovani di fede diversa. Una grande
marcia di giovani credenti, in Europa, è un sogno impossibile?

Perché i giovani sono attratti da Taizé, Sant'Egidio, Movimento dei
Focolari, Gmg? Vengono indicati molti motivi; tra i tanti, sembra evidente
che in queste occasioni essi trovano la modalità di incanalare il loro slancio
verso gli altri; Dio ha messo in loro la sete dell'incontro e prepara così una
realizzazione concreta del Vangelo per questo millennio in cui le frontiere
saranno sempre più nei cuori, e sempre meno nelle ideologie, negli stati,
nelle razze o nelle etnie[95]. L'interreligioso si unisce anche all'opzione per i
poveri. La fine del secondo millennio è stata segnata sia da un'ingiustizia
crescente a livello mondiale, sia dalla lotta per la giustizia sottolineata con
forza prima e dopo la grande revisione di vita costituita dal Concilio. I poveri venuti da altrove hanno portato i non credenti d'Europa, desiderosi di
accoglierli, a ritrovare una dimensione spirituale che pensavano esaurita:
la maggior parte di loro respirava Dio. È preferibile conoscere le abitudini
dello straniero, per evitare malintesi e arrivare a uno scambio: semplici errori di comprensione nel vocabolario possono portare a delle catastrofi; e
tuttavia non possiamo essere d'accordo con quanti dicono che, prima di
andare verso l'altro, bisogna sapere tutto di lui: con questa convinzione, si
finisce per rimanere in eterno fuori dalla casa del fratello.

Anche nel cuore angoscioso delle città difficili è possibile trovare

---

[95] "Sono convinto che la divisione fondamentale dell'umanità non passa tra quanti vengono
detti credenti e quanti si dicono non-credenti. Passa tra coloro che adorano se stessi e quanti comu-
nicano, tra quelli che di fronte alla sofferenza degli altri voltano la faccia, e quelli che si danno da fare
per liberare. Passa tra coloro che amano e coloro che rifiutano di amare" ABBÉ PIERRE, *Mémoires
d'un credent*, Paris 1997.

credenti capaci di ridonare speranza perché vivono un cristianesimo o un islamismo da poveri, che tiene conto del cuore del vicino e non della sete di potere scoperta o immaginata nell'altro. E poi ci sono i mistici! Nel 1992, nell'imponente corte della grande moschea di Delhi, si aspettava la luna nuova che doveva indicare la fine del *ramadan*. Dai quartieri su-burbani erano arrivate famiglie intere; il dolce calore del sole al tramonto aggiungeva un supplemento di fascino all'attesa gioiosa della festa. Mentre gli adulti, uomini e donne indifferentemente, iniziavano con calma le ablu-zioni forse non proprio rituali, vicino alla fontana situata al centro dello spiazzo, alcuni bambini si rincorrevano e desideravano essere fotografati dai turisti infedeli; prima di essere caldamente invitati ad uscire quando sarebbe risuonata la solenne chiamata del *muezzin*, questi ultimi erano ammessi nel recinto sacro, in cambio di qualche rupia. Improvvisamente, nel vano di una delle porte d'ingresso sulla spianata successe un impre-visto: un uomo, giovane, seduto sui calcagni, le mani alzate in preghiera, era rapito in Dio; per fare una foto serviva il *flash*, ciò che mi impediva di agire con discrezione; un certo pudore, e il timore di essere rimprovera-to o di dover lasciare la pellicola mi trattenevano, ma che ricordo sarebbe stato, che simbolo perfetto di una religione che si definisce *sottomissione nella pace*, se avessi osato. Rischiando il tutto per tutto, disturbai con il *flash* quel momento sacro: è la mia diapositiva preferita. Quante volte mi aiuta a pregare in comunione con i mistici del mondo intero.

Giovani, poveri e mistici di tutte le religioni: unitevi, senza confonder-vi, e il mondo sarà *drogato dell'amore di Dio*!

Allargare lo spazio di Dio

Pur senza fare riferimento al creatore, qualcuno può praticare l'amore del prossimo e il Padre perdonerà tutto a chi ama il fratello. Ma non c'è amore di Dio che tenga, senza amore del prossimo. Dio preferisce non essere riconosciuto da chi ignora, disprezza e oltraggia i fratelli e le sorelle del suo Figlio per il fatto che sono di un'altra etnia o di un'altra religione. Dio non vuole essere amato da individui che rifiutano i loro simili; non è preoccupato di difendere i propri diritti: quel che gli sta a cuore è riunire.

Come Gesù, passando dall'altro lato, si è messo al fianco dell'umanità, così il Padre nostro domanda ai discepoli del suo Figlio di andare incontro agli altri, di ammirare ciò che di bello ha compiuto in loro e di condividere con tutti il suo amore. Dio non scherza con l'amore del prossimo.

Dopo duemila anni, Gesù sembra sul punto di essere compreso sul tema dell'amore senza frontiere: siamo forse migliori dei nostri padri? No, ma i santi di ieri e di oggi hanno pregato e Dio ha rinforzato il dono del suo amore. Il Santo Giovanni XXIII (chiedo scusa per il lieve anticipo...) vedeva venire una nuova Pentecoste: qualcuno, senza crederci troppo, si aspettava di vedere il miracolo del fuoco o una serie infinita di conversioni stupefacenti; ma Dio non ama il rumore. Lo Spirito di Dio ci aspetta oltre l'uomo: ogni volta che allarghiamo il cerchio della fraternità, lasciamo uno spazio più grande al nostro Dio.

Postfazione

Nelle pagine autobiografiche appena terminate fra Gwenolé testimonia un raro spirito di comunicazione e di amore, lo spirito di un francescano che non vuol rinunciare a costruire una fraternità sempre più larga e aperta.

"L'odio, il fanatismo e il terrorismo profanano il nome di Dio e sfigurano l'autentica immagine dell'uomo", ha scritto Giovanni Paolo II.

Nonostante le resistenze e le difficoltà di ogni tipo, la vera fede è chiamata a "legare" l'uomo con Dio e gli uomini tra di loro: Dio si è fatto uomo perché l'uomo diventasse più umano. Tutti siamo invitati a edificare un'umanità nuova attraverso relazioni che superino ogni forma di pregiudizio.

Intriso dalla spiritualità di san Francesco, l'autore continua a credere alla possibilità del dialogo e dell'incontro ecumenico e interreligioso: chiede solo di purificare la memoria, di eliminare i pregiudizi e di mettersi in cammino verso l'*altro*, il *diverso*, il *fratello musulmano*. Questo libro è testimonianza del suo impegno personale e, insieme, opera ricolma di speranza cristiana, quella speranza che non delude e che sa mettere in risalto il bene che esiste tra gli altri e nel mondo.

Fra Gwenolé ha fatto della sua vita un pellegrinaggio dell'incontro, attraverso un cammino umano, cristiano e francescano. Ha seguito san Francesco d'Assisi, che si è allontanato dalle crociate ed è andato, disarmato, a incontrare il sultano, l'*altro*; da qui nasce l'invito al lettore ad essere costruttore di ponti di comunione per gli uomini di oggi e di domani.

Dopo i suoi libri precedenti sull'incontro di Francesco con il sultano, fra Gwenolé prosegue il suo pellegrinaggio con maggiore maturità e ricchezza personali: *Itinerari spirituali in terre d'islam* è una nuova pietra per l'edificazione di una casa fraterna per ogni uomo di qualunque riva.

Fra Giacomo Bini
già Ministro generale
dell'Ordine dei Frati minori

Indice

SECONDA PARTE
Dall'incontro al dialogo

Incontri a Sichar

La città di Sichar è citata una sola volta nella Bibbia, nel vangelo di Giovanni (4,5). È il luogo dell'incontro tra Gesù e la donna samaritana. Un incontro destinato a superare le barriere del sospetto e del pregiudizio, qualunque ne sia l'origine.
Il logo della collana riprende l'immagine stilizzata di Sichar come appare nella carta musiva (VI sec.) della Terra Santa che si trova a Madaba, in Giordania.

I volumi della collana

1. MARCELLO BADALAMENTI, *Pellegrini di pace. Francesco d'Assisi e Giorgio La Pira in Terra Santa*, 2009.
2. GWENOLÉ JEUSSET, *Itinerari spirituali in terre d'Islam*, 2010.